Lorenzo Pinna

LA CONQUISTA DEL ESPACIO

EDITEX

HIPERLIBROS
DE LA CIENCIA
Una enciclopedia
dirigida por Giovanni Carrada

VOLUMEN 6
LA CONQUISTA DEL ESPACIO

Texto: *Lorenzo Pinna*
Ilustraciones: *Inklink, Florencia*
Proyecto gráfico: *Sebastiano Ranchetti*
Dirección artística y coordinación: *Laura Ottina*
Maquetación: *Laura Ottina*
Documentación iconográfica: *Lorenzo Pinna, Katherine Forden*
Revisión de textos: *Roberto Rugi*
Redacción: *Andrea Bachini, Silvia Paoli, Miria Tamburini*
Traducción : *Cálamo & Cran*
Fotomecánica: *Venanzoni D.T.P. – Florencia*
Impresión: *Conti Tipocolor - Calenzano (Florencia)*

Para la edición en España y países de lengua española:
© **Editorial Editex, S. A.**
Avda. Marconi, nave 17. 28021 - Madrid
I.S.B.N. colección completa: 84-7131-920-9
I.S.B.N. volumen 6: 84-7131-926-8
Número de Código Editex colección completa: 9209
Número de Código Editex volumen 6: 9268
Impreso en Italia - Printed in Italy

Do Gi

Una producción DoGi, spa, Florencia

SUMARIO

CÓMO SE USA UN HIPERLIBRO

Un Hiperlibro de la ciencia se puede leer como se leen todos los libros, es decir, desde la primera a la última página. O también como una enciclopedia, yendo a buscar sólo el argumento que nos interesa.

Pero lo mejor es leerlo precisamente como un *Hiperlibro*. ¿Qué quiere decir esto?

La imagen, al lado del título, representa el contenido de cada epígrafe y es siempre la misma en todos los volúmenes.

La flecha grande, que entra en la página desde la izquierda, señala que el contenido está relacionado con el de la página precedente.

Las imágenes dentro de la flecha hacen referencia a los epígrafes anteriores a los que puedes recurrir para ampliar conocimientos sobre el que estás leyendo.

Bajo cada imagen se indican el número del volumen y la página a consultar.

La gravitación universal
vol. 2 - pág. 26

El cuerpo humano
vol. 18

EL SER HUMANO EN EL ESPACIO

Los vuelos de cientos de astronautas han demostrado a estas alturas que el ser humano puede vivir en el espacio. Víktor Poliakov, un cosmonauta ruso, ha permanecido a bordo de la estación *Mir* durante 437 días y después se ha vuelto a adaptar, sin demasiadas dificultades, a la fuerza de gravedad de la Tierra. Sin embargo, estas numerosas experiencias también han hecho comprender que la permanencia en el espacio provoca muchas transformaciones en el cuerpo humano. El problema principal es la falta de peso, la ingravidez, porque nuestro cuerpo está hecho para funcionar en un medio dominado por la fuerza de la gravedad, que lo mantiene unido al suelo. Cuando esta fuerza desaparece de repente, comienzan a manifestarse ligeras alteraciones, que con el tiempo pueden llegar a ser muy graves.
El primer efecto, experimentado por más del 50 % de los astronautas, son las náuseas. El sistema para mantener el equilibrio, basado en la vista, en los corpúsculos táctiles dispersos por todo el cuerpo y en un órgano, el laberinto (con los tres canales semicirculares), que se encuentra en el oído interno, comienza a enviar señales ininteligibles al cerebro. La náusea se produce precisamente como resultado de esta confusión de mensajes.

Hiperlibros de la ciencia

En la ciencia, cada argumento está ligado a muchos otros, tal vez pertenecientes a sectores completamente diferentes pero todos importantes para comprenderlo mejor. Encontrarlos no es un problema gracias a los Hiperlibros. El que quiera conocer un argumento, leerá las páginas que se refieren al mismo y, desde ahí, partirá a explorar todas las conexiones, simplemente «siguiendo las flechas».

Por lo tanto, se puede abrir un Hiperlibro en cualquier página y, a partir de esta, navegar en el mundo de la ciencia dejándose guiar por las remisiones ilustradas, siguiendo nuestras búsquedas o la curiosidad del momento.

La mochila autopropulsada o unidad de maniobra tripulada (MMU, *Manned Maneuvering Unit*) está provista de motores con control manual que permiten a los astronautas los movimientos en el vacío del espacio.

También se altera el sistema cardio-circulatorio. Uno de los primeros efectos de la gravedad cero es de hecho el reflujo de la sangre y de otros líquidos corporales desde las piernas hacia el tronco y la cabeza, lo que proporciona una típica hinchazón al rostro de los astronautas. Pero también el corazón se resiente y altera la presión arterial. Además, se produce la inevitable habituación a un ambiente que exige esfuerzos y fatiga menores que el terrestre. Los músculos tienden a atrofiarse y los huesos se descalcifican. Sin un programa cotidiano de duros ejercicios físicos con diversos tipos de aparatos, los astronautas no podrían volver a la Tierra después de largos períodos en el espacio. ¡Se arriesgarían a que les matara la gravedad de su propio planeta natal! Varios estudios sobre astronautas han aclarado cuánto tiempo se necesita para ponerse en forma una vez de vuelta en la Tierra. Se ha comprobado, por ejemplo, que para recuperar el 90 % de fuerza muscular es necesario más de un mes de ejercicios y de fisioterapia.

Por aquí se expulsan los gases de dirección.

Por aquí se expulsan los gases de dirección.

Las misiones *Apollo* pág. 30

El *Skylab* pág. 52

La estación *Mir* pág. 74

En órbita es necesario un continuo ejercicio físico para contrarrestar los efectos negativos de la ingravidez. Los entrenamientos para habituarse a vivir sin peso se realizan en aviones especiales (página de la izquierda), donde, durante pocos segundos, es posible reproducir la gravedad cero siguiendo determinadas trayectorias.

La flecha grande que sale de la página desde la derecha indica que el argumento de la página está ligado estrechamente a los de las páginas sucesivas, las cuales lo completan o lo desarrollan, o que continúan la evolución del volumen.

Las imágenes en el interior de la flecha indican las remisiones a los argumentos que pueden leerse después del de la página, para profundizar en él o explorar sus consecuencias.

El rico y puntual conjunto iconográfico y las leyendas completan y ejemplifican el desarrollo del argumento.

LOS PIONEROS DE LA ASTRONÁUTICA

La aventura humana en el espacio es probablemente la gesta más extraordinaria del siglo XX. El 20 de julio de 1969 el astronauta norteamericano Neil Armstrong fue el primer ser humano que puso el pie en un astro distinto de la Tierra: la Luna. Sin embargo, tan sólo 50 años antes las ideas sobre los viajes espaciales de un pionero de la astronáutica, el estadounidense Robert Goddard, habían sido ridiculizadas en *The New York Times,* el prestigioso diario norteamericano. Y muchos científicos se habían pronunciado con absoluta seguridad sobre la imposibilidad de salir de los límites de la Tierra. No obstante, a pesar del escepticismo general, a comienzos del siglo XX, diversos científicos e ingenieros empezaron a pensar seriamente en empresas que en aquella época eran sólo sueños de los escritores de ciencia ficción. Así, el ruso Kostantin E. Tsiolkovski demostró que los cohetes pueden entrar en órbita alrededor de la Tierra, y calculó también la cantidad de combustible que consumirían. Y no sólo eso: llegó a la conclusión de que la mezcla ideal para impulsar un cohete era

La guerra moderna
vol. 24 - pág. 34

El ruso Kostantin Tsiolkovski (1857-1935) fue el primero que elaboró teorías consistentes sobre el uso de cohetes múltiples (es decir, de varias fases) de propulsión líquida para volar por el espacio.

El norteamericano Robert H. Goddard (1882-1945) fue el primer científico que construyó un cohete de propulsión líquida capaz de superar la barrera del sonido.

Wernher von Braun (1912-1977) dirigió en Alemania, su tierra natal, la construcción de las bombas volantes V-2. Más tarde, en EE. UU. fue el responsable de la construcción del gigantesco cohete *Saturn V* («Saturno 5»).

Las bombas volantes V-2 eran cohetes de propulsión líquida capaces de volar a miles de kilómetros de distancia. Durante la Segunda Guerra Mundial causaron un elevado número de víctimas en Londres.

El cosmos
vol. 5

la formada por hidrógeno y oxígeno líquidos, y que el empleo de cohetes múltiples, formados por varias fases, resolvería muchos de los problemas que entonces se preveían. En EE. UU., Robert H. Goddard, a lo largo de más de 30 años, hasta su muerte, ocurrida en 1945, construyó y lanzó numerosos cohetes experimentales. Entre ellos, el primero con motor de combustible líquido, a base de oxígeno líquido y gasolina. Aunque sus cohetes no llegaron a salir de la atmósfera terrestre, Goddard solucionó muchas dificultades, como, por ejemplo, la estabilización de los cohetes, que resolvió al ocurrírsele la idea de utilizar el giroscopio.

También otros inventores, como el alemán Hermann Oberth o el francés Robert Esnault-Pelterie, contribuyeron a la naciente astronáutica con proyectos, trabajos teóricos y experimentos prácticos. Las ideas de estos pioneros se vieron confirmadas muy pronto, no la posibilidad de volar en el espacio, sino la terrible eficacia de los cohetes como arma militar. Durante la II Guerra Mundial, los alemanes lanzaron contra Inglaterra miles de bombas autopropulsadas con cabeza explosiva, las famosas V-2 (del alemán *Vergeltungswaffe*, «armas de represalia»).

LOS VIAJES ESPACIALES

El espacio es un medio muy distinto del terrestre al que estamos acostumbrados. En el cosmos, para empezar, no hay aire, sino el vacío casi completo. Por tanto, es imposible respirar, y quien se aventura en él debe estar bien equipado con trajes especiales y bombonas de oxígeno. Asimismo, muchos materiales se comportan de manera distinta a como lo harían en la Tierra. Los líquidos se evaporan, mientras que los lubrificantes se endurecen hasta hacerse inservibles. Más allá de los confines de la Tierra, las radiaciones solares llegan sin ser antes filtradas por la atmósfera, y son, por tanto, mucho más peligrosas: pueden dañar los aparatos electrónicos y eléctricos, y resultar nocivas para los astronautas, incluso cuando se encuentran en el interior de la cápsula o de una estación. Se toman muchas precauciones para protegerse de estas radiaciones; así, por ejemplo, las viseras de los astronautas que salen de la nave para dar paseos espaciales cuentan con un filtro que impide el paso de los rayos ultravioletas provenientes del Sol. Sin embargo, una protección total es imposible, pues las radiaciones solares descomponen numerosos materiales, como el plástico y la goma; por eso, para los vuelos espaciales se proyectan y emplean nuevos materiales más resistentes.

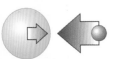

La gravitación
universal
vol. 2 - pág. 26

¿Por qué se mueven
los astros?
vol. 2 - pág. 30

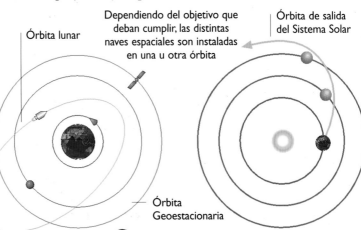

Dependiendo del objetivo que deban cumplir, las distintas naves espaciales son instaladas en una u otra órbita

Órbita lunar

Órbita de salida del Sistema Solar

Órbita Geoestacionaria

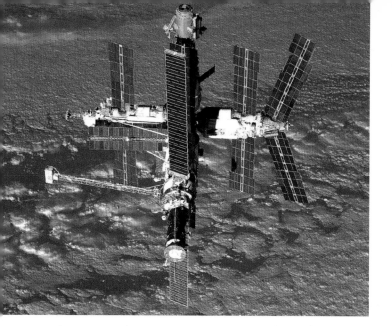

La estación espacial rusa *Mir* («Paz» o «Mundo»), lanzada en 1986, ha sido lugar de encuentro entre astronautas soviéticos y estadounidenses.

En el futuro, las estaciones orbitales, o tal vez bases en la Luna, podrán servir como estaciones intermedias para los viajes más largos.

El cosmos
vol. 5

Las temperaturas en el espacio pueden variar desde algunos grados sobre el cero absoluto (−273,15 °C) en las zonas en sombra a más de 100 °C en las iluminadas. Y el paso del calor al frío, y viceversa, puede ser cuestión de pocos minutos. Por tanto, para proteger a la tripulación y los aparatos de esas bruscas variaciones de temperatura, todas las naves espaciales van provistas de aislamiento térmico. Además, hay que contar con la falta de gravedad, la llamada gravedad cero (0 g), que hace que los astronautas floten como si fuesen plumas.

En realidad, mientras una nave se mantiene en órbita alrededor de la Tierra, la gravedad no desaparece. El que la ruta de la cápsula siga una trayectoria circular se debe, precisamente, a esta fuerza de atracción. La falta de peso se manifiesta porque la gravedad está exactamente equilibrada con la fuerza centrífuga que produce la rotación. La gravedad cero puede producir náuseas, hacer que los líquidos corporales tiendan a afluir hacia la cabeza, dificulta la circulación y provoca la descalcificación de los huesos.

EL MOTOR COHETE

Dos geniales ingenieros pueden ser considerados los padres de la astronáutica rusa y estadounidense. A ellos corresponde el mérito de haber construido cohetes tan potentes y fiables que llevaron al ser humano más allá de los confines de la Tierra. Hablamos del ruso Sergei Pavlovic Korolev (1912-1965) y del alemán Wernher von Braun (1912-1977).

Escapar a la atracción gravitacional de nuestro planeta no es un problema nada sencillo de resolver. Hace falta alcanzar la fantástica velocidad de 27 350 kilómetros por hora. Los únicos motores capaces de propulsarse a estas velocidades son los motores cohete. Contrariamente a los motores de explosión o a los de reacción, que aprovechan el oxígeno del aire para quemar el combustible, en los cohetes eso no es posible. Dado que un cohete tiene que funcionar también en el vacío sideral, debe transportar consigo no sólo el combustible, sino también el comburente (es decir, un oxidante como el oxígeno en la Tierra), que hace que arda el combustible. La mezcla de estos propulsantes químicos o ergoles se llama propergol. Los propulsantes más usados, por su eficacia, son el oxígeno y el hidrógeno líquidos. Hay también propulsantes sólidos, por ejemplo, la pólvora. Pero en los cohetes se utilizan propergoles sólidos mucho más potentes, como ciertas pólvoras de aluminio o el perclorato de amonio.

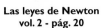

Las leyes de Newton
vol. 2 - pág. 20

Los propergoles para los cohetes son líquidos (abajo) o sólidos (imagen superior). Cada tipo tiene sus ventajas. Por ejemplo, los sólidos son menos complicados de manejo, pero una vez encendido, el cohete ya no puede apagarse ni regularse, mientras que con los líquidos basta regular su flujo, para controlar el funcionamiento del motor.

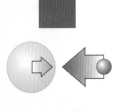

La gravitación
universal
vol. 2 - pág. 26

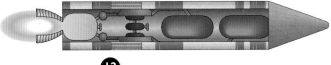

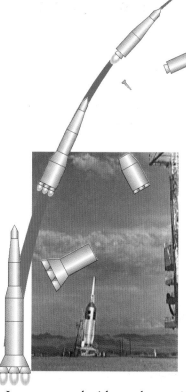

Las primeras fases de un cohete se van abandonando a medida que agotan el propergol. El cohete, con cada fase que abandona pierde peso y ahorra propulsante (o propulsantes).

Un cohete múltiple en vuelo, a punto de abandonar la primera fase.

El *Saturn V*
pág. 34

Los gases producidos en la reacción entre combustible y comburente son capaces de hacer que explote –que «salte por los aires» literalmente– el cohete (y a veces sucede), pero normalmente se expulsan a altísima velocidad desde la tobera, una especie de embudo grande que ayuda a dirigir el chorro de gases. La rápida salida o eyección de los gases por la tobera genera el impulso que, por el principio de acción y reacción, hace que el cohete se mueva. Para que el cohete pueda elevarse, su impulso debe ser mayor que su propio peso, casi un 90-95 % del cual está constituido por propergol. Hay varios trucos para reducir el propulsante: uno consiste en efectuar el lanzamiento en la dirección de la rotación terrestre, de manera que se consigue añadir 1 450 kilómetros por hora a la velocidad del cohete; otro es construir cohetes formados por varias secciones que se van desprendiendo según agotan el propergol.

LOS SPUTNIK

El 4 de octubre de 1957 la Unión Soviética asombró al mundo al poner en órbita alrededor de la Tierra el primer satélite artificial, el *Sputnik 1*. Comenzaba así la «era del espacio». Comparado con los satélites modernos, el *Sputnik* (voz rusa que significa «satélite») parece muy modesto: una simple esfera metálica de 58 centímetros de diámetro y 82 kilogramos de peso. Y sin embargo, este fue el primer paso de una exploración que hoy día nos ha llevado a visitar, gracias a las sondas automáticas, todo el Sistema Solar (menos Plutón) e incluso a desembarcar en la Luna. El *Sputnik 1* continuó funcionando durante 21 días, completando un giro alrededor de la Tierra cada 100 minutos y transmitiendo, con sus señales de radio *(bip bip)* desde el espacio, informaciones sobre la temperatura dentro de la esfera. Pero los soviéticos se reservaban otras sorpresas. Los cohetes ideados por Korolev estaban demostrando al mundo entero que la Unión Soviética iba por delante de los Estados Unidos en la carrera espacial. El 3 de noviembre de 1957, desde la base de lanzamiento de Baikonur, en Kazajistán, despegó el segundo *Sputnik*. A bordo se encontraba el primer ser vivo que se aventuraba en el espacio: la perrita *Laika*. Su empresa fue la prueba de que los organismos biológicos podían sobrevivir, con las debidas protecciones, al estrés del lanzamiento, a la falta de

Sputnik 1, un pequeño satélite que el 4 de octubre de 1957 se convirtió en el primer objeto construido por el ser humano que entró en órbita alrededor de la Tierra. Marcó el inicio de la era espacial.

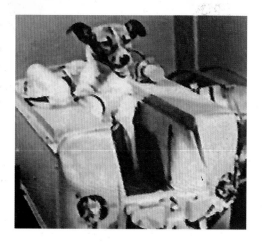

Laika, una perrita rusa, a bordo del *Sputnik 2*, lanzado el 3 de noviembre de 1957, fue el primer ser vivo que voló alrededor de la Tierra. El pobre animal murió aproximadamente una semana más tarde, cuando se agotaron las reservas de oxígeno.

gravedad y a los peligros de un medio tan hostil como el espacio. Sin embargo, el *Sputnik 2* no estaba provisto de sistema de retorno. Después de una semana de vuelo, el aire de la cápsula se extinguió y con él la vida de *Laika*. Algunos meses más tarde el *Sputnik 2* cayó a la atmósfera terrestre y se desintegró. Los lanzamientos de la serie *Sputnik* continuaron hasta 1961. Muchos de ellos se dedicaron a estudiar las reacciones de animales y plantas a la vida en el espacio. Perros, ratas, insectos, mariposas y diversos vegetales no sólo fueron enviados al espacio, sino que se les devolvió a la Tierra, para analizar aún mejor los efectos de su permanencia en órbita. Era evidente que los soviéticos se estaban preparando para la gran empresa: el envío al espacio de un ser humano.

Los satélites artificiales
pág. 88

Con el *Sputnik* a bordo, el gran cohete *R7* se eleva desde la rampa de lanzamiento de Baikonur. El éxito de este lanzamiento no significó sólo el inicio de la carrera espacial, sino también, en la época, el dominio espacial soviético.

EL VUELO DE GAGARIN

¿Qué sentiría Yuri Gagarin aquel 12 de abril del lejano 1961, sentado en su minúscula cápsula *Vostok,* en la ojiva de un potente cohete que debía llevarle a más de 300 kilómetros de altitud, para ponerle en órbita alrededor de la Tierra? Gagarin era militar y piloto de pruebas, una persona que seguramente más de una vez había arriesgado su vida. Pero aquella mañana sus sensaciones debían de ser distintas. No era el despegue con un avión experimental, sino un lanzamiento hacia lo desconocido, hacia ese infinito que se extiende más allá del delgado velo gaseoso que envuelve la Tierra. Su destino era el espacio sideral. Cierto es que había estado precedido por *Laika* y por otros animales, pero para ellos la cápsula había sido sólo un cubil más raro que los demás. Para Gagarin aquellas podían ser las últimas horas de su vida: el espacio podía reservar algún peligroso secreto que nadie había descubierto todavía.

Y en cambio la cápsula *Vostok* (en ruso «Oriente»), una esfera de acero de 4,5 toneladas, recubierta de un escudo térmico para protegerla en la reentrada, alcanzó la cota máxima de 327 kilómetros y describió una órbita completa en 108 minutos. Después los retrocohetes se encendieron y ralentizaron la cápsula, que empezó a descender hacia la atmósfera. A una altitud de unos 2,5 kilómetros, cuando ya los paracaídas habían reducido suficientemente la velocidad de la *Vostok,* Gagarin accionó el mecanismo de expulsión, y un asiento eyectable lo

Los viajes espaciales
pág. 10

El cohete que trasladó a Gagarin al espacio se llamaba *Vostok.* Medía 36 metros de altura y tenía un motor principal y cuatro auxiliares. Se usó también para lanzar a la primera mujer al espacio, Valentina Tereshkova.

Antenas de comunicación
y de control

Escotilla de entrada

Cámara de
televisión

Cabina
esférica

El 12 de abril de 1961
Yuri Gagarin (1934-1968)
se convirtió, con sólo
veintisiete años,
en el primer cosmonauta
que daba una vuelta
en torno a la Tierra.

La cápsula *Vostok,* con la
cabina esférica en la cual
Gagarin llevó a cabo su
hazaña. Un módulo
de servicio contenía el
motor principal y pequeños
cohetes de maniobra.

Depósitos
de oxígeno

Módulo de servicio
con retrocohetes

lanzó fuera de la cápsula. Se posó en la superficie suavemente, como en un lanzamiento normal con paracaídas. Cómo
consiguió Gagarin descender no en el mar (la técnica adopta-
da a continuación por los estadounidenses), sino sobre la dura
tierra firme, se mantuvo en secreto durante mucho tiempo.
Los festejos en honor de Gagarin fueron magníficos, se le
concedieron importantes condecoraciones y se convirtió en
un héroe no sólo para la Unión Soviética, sino para toda la
humanidad. ¡La aventura espacial era posible!

EL SER HUMANO EN EL ESPACIO

Los vuelos de cientos de astronautas han demostrado a estas alturas que el ser humano puede vivir en el espacio. Víktor Poliakov, un cosmonauta ruso, ha permanecido a bordo de la estación *Mir* durante 437 días y después se ha vuelto a adaptar, sin demasiadas dificultades, a la fuerza de gravedad de la Tierra. Sin embargo, estas numerosas experiencias también han hecho comprender que la permanencia en el espacio provoca muchas transformaciones en el cuerpo humano. El problema principal es la falta de peso, la ingravidez, porque nuestro cuerpo está hecho para funcionar en un medio dominado por la fuerza de la gravedad, que lo mantiene unido al suelo. Cuando esta fuerza desaparece de repente, comienzan a manifestarse ligeras alteraciones, que con el tiempo pueden llegar a ser muy graves.

El primer efecto, experimentado por más del 50 % de los astronautas, son las náuseas. El sistema para mantener el equilibrio, basado en la vista, en los corpúsculos táctiles dispersos por todo el cuerpo y en un órgano, el laberinto (con los tres canales semicirculares), que se encuentra en el oído interno, comienza a enviar señales ininteligibles al cerebro. La náusea se produce precisamente como resultado de esta confusión de mensajes.

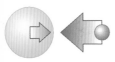

La gravitación universal
vol. 2 - pág. 26

El cuerpo humano
vol. 18

La mochila autopropulsada o unidad de maniobra tripulada (MMU, *Manned Maneuvering Unit*) está provista de motores con control manual que permiten a los astronautas los movimientos en el vacío del espacio.

También se altera el sistema cardio-circulatorio. Uno de los primeros efectos de la gravedad cero es de hecho el reflujo de la sangre y de otros líqui-dos corporales desde las piernas hacia el tronco y la cabeza, lo que proporciona una típica hinchazón al rostro de los astro-nautas. Pero también el corazón se resiente y altera la presión arterial. Además, se produ-ce la inevitable habituación a un ambiente que exige esfuerzos y fatiga menores que el terrestre. Los músculos tienden a atrofiarse y los huesos se descalcifican. Sin un programa cotidiano de duros ejercicios físicos con diversos tipos de aparatos, los astronautas no podrían volver a la Tierra des-pués de largos períodos en el espacio. ¡Se arriesgarían a que les matara la gravedad de su propio planeta natal! Varios estudios so-bre astronautas han aclarado cuánto tiempo se necesita para ponerse en forma una vez de vuelta en la Tierra. Se ha comproba-do, por ejemplo, que para recuperar el 90 % de fuerza muscular es necesario más de un mes de ejercicios y de fisioterapia.

Las misiones *Apollo*
pág. 30

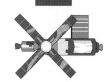

Por aquí se expulsan los gases de dirección.

El *Skylab*
pág. 52

En órbita es necesario un continuo ejercicio físico para contrarrestar los efectos negativos de la ingravidez. Los entrenamientos para habituarse a vivir sin peso se realizan en aviones especiales (página de la izquierda), donde, durante pocos segundos, es posible reproducir la gravedad cero siguiendo determinadas trayectorias.

La estación *Mir*
pág. 74

LAS MISIONES MERCURY

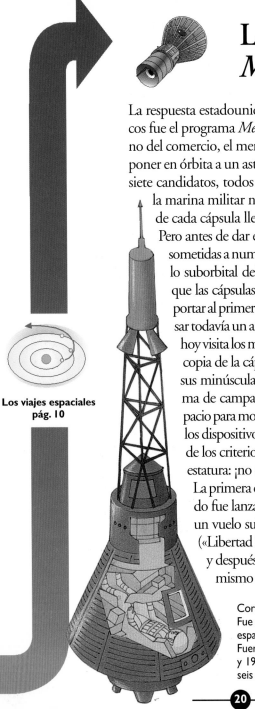

La respuesta estadounidense a los proyectos espaciales soviéticos fue el programa *Mercury* («Mercurio», como el dios romano del comercio, el mensajero de los dioses), cuyo objetivo era poner en órbita a un astronauta. Para este proyecto se eligieron siete candidatos, todos pilotos de pruebas de la aviación o de la marina militar norteamericana; en su honor el nombre de cada cápsula lleva, añadido, el número siete.

Pero antes de dar el gran salto, las cápsulas *Mercury* fueron sometidas a numerosas pruebas. En enero de 1961 el vuelo suborbital del chimpancé *Ham* («Jamón») demostró que las cápsulas *Mercury* estaban preparadas para transportar al primer estadounidense al espacio. Pero debía pasar todavía un año antes de aquella histórica gesta. Quien hoy visita los museos aeroespaciales en EE. UU. y ve una copia de la cápsula *Mercury*, se queda estupefacto ante sus minúsculas dimensiones. En estas cápsulas en forma de campana el astronauta no tenía el mínimo espacio para moverse: sujeto al asiento, sólo podía manejar los dispositivos del tablero de mandos. De hecho, uno de los criterios para seleccionar a los astronautas era la estatura: ¡no debían superar el metro setenta!

La primera cápsula *Mercury* con un astronauta a bordo fue lanzada en mayo de 1961. Pero se trataba de un vuelo suborbital. Alan Shepard, en la *Freedom 7* («Libertad 7»), alcanzó los 187 kilómetros de altitud y después volvió a caer hacia la Tierra. En julio del mismo año le tocó el turno a Virgil I. Grissom

Los viajes espaciales
pág. 10

Corte de la cápsula *Mercury*.
Fue este el primer programa
espacial estadounidense.
Fueron lanzadas, entre 1961
y 1963, nueve misiones,
seis de ellas tripuladas.

John Glenn (n. 1921) fue el primer astronauta estadounidense en dar una vuelta a la Tierra, a bordo de la cápsula *Friendship 7*. Formó parte del legendario grupo de los siete astronautas del proyecto *Mercury*.

El cohete *Atlas*, de 27 metros de altura y 3,5 de ancho se eleva desde la rampa de Cabo Cañaveral el 20 de febrero de 1962 trasladando al espacio a John Glenn.

en la *Liberty Bell 7* («Campana de la Libertad 7»), también en un vuelo suborbital. Todo fue bien hasta que la cápsula se posó, como estaba previsto, sobre las aguas del océano. Una vez en el mar, el agua empezó a entrar en la cápsula, lo que obligó a Grissom a salir de ella rápidamente. El astronauta fue rescatado, pero la cápsula se hundió en el océano. Después de otros dos vuelos de prueba, uno con el chimpancé *Enos* y otro con un maniquí, llegó por fin el gran momento. La persona elegida para convertirse en el primer norteamericano en realizar un vuelo orbital fue John Glenn. Era el 20 de febrero de 1962, casi un año después de la hazaña de Gagarin, cuando Glenn partió a bordo de la cápsula *Friendship 7* («Amistad 7») impulsada por un potente cohete *Atlas*. Después de poco tiempo estaba en órbita, donde permaneció durante 4 horas y 55 minutos, antes de encender los retrocohetes, los motores de frenado que le permitirían volver a la Tierra.

LOS SATÉLITES DE COMUNICACIONES

Los satélites de comunicaciones son ya indispensables. Canales de televisión y líneas telefónicas, redes informáticas, *Internet* y correo electrónico: disponemos de todos estos servicios gracias a estas grandes antenas emplazadas a miles de kilómetros de altitud, en el espacio sideral. El primero en intuir las enormes posibilidades del espacio fue un físico que se convertiría después en un gran escritor de ciencia ficción: Arthur C. Clarke, el autor de la famosa novela *2001: una odisea espacial.* En un artículo de 1945, Clarke sugirió un sistema de comunicaciones basado en repetidores montados en satélites en órbita alrededor de la Tierra. Tan sólo 10 años después nacía el primer proyecto: *Echo,* un globo enorme (30 metros de diámetro) con un revestimiento de plástico metalizado. A bordo no tenía circuitos, ni transistores, ni antenas. Era sólo un repetidor pasivo (un «eco»). Fue lanzado en 1960 y continuó volando en una órbita muy baja hasta 1968. El éxito de *Echo* hizo pensar en seguida en satélites más perfeccionados y en 1962 fue lanzado el primero de los *Telstar* («Telestrella»: era el primer satélite de televisión), de la empresa estadounidense ATT: fue el primer satélite comercial. Al contrario que *Echo, Telstar,* tenía un repetidor

Un satélite de comunicaciones, el *Syncom IV,* fue lanzado desde una rampa espacial: el hueco de carga de la Lanzadera Espacial *Discovery* («Descubrimiento»). Esta nave, un verdadero transbordador espacial, ha trasladado al espacio numerosos satélites.

Un cohete *Atlas,* saliendo de la rampa de lanzamiento para poner en órbita el satélite de comunicaciones *Telstar.* Los satélites de comunicaciones son la familia más numerosa entre los objetos que giran alrededor de la Tierra.

activo. Otro gran adelanto se produjo en 1964 con el lanzamiento del primer *Syncom,* que fue transportado hasta 36 000 kilómetros de altitud, en órbita geoestacionaria. En esa cota el satélite emplea 24 horas para describir una órbita y en práctica permanece siempre sobre el mismo punto. Con una red de satélites geoestacionarios es posible cubrir todo el planeta. Desde entonces han sido lanzados más de 400. Una organización específica, INTELSAT (*International Telecommunications Satellite,* Organización Internacional de Telecomunicaciones por Satélite), coordina el tráfico de señales televisivas y telefónicas. Otros satélites cubren determinadas áreas geográficas, o ponen en comunicación las naves con las estaciones de la Tierra. En el futuro se prevé una multiplicación de estos satélites para dar respuesta al creciente intercambio de todo tipo de información.

Las telecomunicaciones vol. 24 - pág. 74

La gran antena de la estación de Fúcino, en Italia. Gracias a la potencia cada vez mayor que se puede instalar a bordo de los satélites y a las antenas activas, hoy es posible ponerse en comunicación con estas «centralitas» espaciales también con antenas mucho más pequeñas.

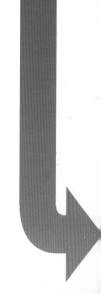

LA CÁPSULA *GEMINI*

En mayo de 1961, cuando los estadounidenses habían acumulado sólo 15 minutos de vuelo suborbital, el presidente John F. Kennedy pronunció un famoso discurso en el cual prometía que antes del final de aquella década (los años sesenta) los norteamericanos harían llegar a un ser humano a la Luna y lo devolverían sano y salvo a la Tierra. Esta difícil tarea fue confiada a la NASA *(National Aeronautics and Space Administration)*, la agencia espacial estadounidense fundada tan sólo tres años antes. El primer paso fue el proyecto *Gemini.* Habría que poner a punto muchos detalles antes de intentar la aventura lunar propiamente dicha. Por ejemplo, las maniobras orbitales, las técnicas para el encuentro y atraque en órbita de naves espaciales, la capacidad de permanencia en el espacio durante dos semanas, la posibilidad de salir de las cápsulas para dar paseos espaciales, el control del reingreso y del aterrizaje con una precisión mayor que las cápsulas *Mercury...*
Las cápsulas se parecían por su forma de campana a las *Mercury* y se dividían en dos partes: el módulo de reingreso donde se alojaban los astronautas, y un módulo de servicio donde iban instalados cohetes y depósitos y que se abandonaba antes de reentrar en la atmósfera. Después de dos

lanzamientos de cápsulas no tripuladas, la primera *Gemini* con astronautas a bordo (Virgil I. Grissom y John Young) despegó el 23 de mayo de 1965. En el curso de las misiones se efectuaron algunos cambios de órbita, gracias al encendido de los retrocohetes. En las sucesivas misiones (hasta la *Gemini XII*) se probaron numerosas maniobras necesarias para el gran «salto» a la Luna. Con la *Gemini IV* se inauguraron los paseos espaciales (pero los soviéticos con Aleksei Leonov habían precedido a los estadounidenses). La *Gemini VII* permaneció en órbita 14 días. Con la *Gemini VIII* se intentó con éxito el atraque en órbita entre la cápsula y el tercer estadio de un misil *Agena*. Las *Gemini X, XI* y *XII* consiguieron llevar a cabo sin contratiempos nuevos encuentros con el *Agena* y durante varias horas los astronautas realizaron más paseos espaciales fuera de las cápsulas. El camino para la conquista de la Luna ya estaba abierto.

Las cápsulas *Gemini* medían 6 metros de largo y pesaban casi 4 toneladas, dos veces y media una cápsula *Mercury*. Habían sido proyectadas para transportar dos astronautas a la vez. De ahí su nombre («Géminis, los Gemelos»).

Depósitos

Módulo de servicio

Camino de un encuentro espacial con la *Gemini VII*, a 257 kilómetros de la Tierra, la tripulación de la *Gemini VI* (página de la izquierda) fotografía a sus compañeros de la otra cápsula.

Retrocohetes

Módulo de reentrada

LAS MISIONES *SOYUZ*

Las naves *Soyuz* («Unión») fueron proyectadas para transportar a los cosmonautas soviéticos a la Luna. Pero numerosos acontecimientos, entre ellos la prematura muerte de Korolev, impidieron a los rusos la realización de su ambicioso plan. Las *Soyuz* siguieron siendo el caballo de batalla de la astronáutica rusa y, modificadas, todavía hasta hace poco se seguían empleando para transportar a los cosmonautas a la estación orbital *Mir*.

La principal característica de las *Soyuz* es la de estar formadas por tres módulos. Un primer módulo de reingreso acoge a los astronautas en el momento del lanzamiento y del reingreso a la Tierra. Un segundo módulo orbital es una especie de espacioso laboratorio en el que los astronautas se ubican para vivir y trabajar una vez alcanzada la órbita. El tercer módulo de servicio contiene los depósitos y los motores para las diversas maniobras orbitales. El lanzamiento de la primera *Soyuz* en marzo de 1967 acabó en tragedia. Apenas entrada en órbita, en la *Soyuz* se manifestaron graves problemas de estabilidad. La misión fue inmediatamente interrumpida y Vladimir Komarov hizo reingresar a la nave en la atmósfera. Pero para colmo de desventuras los paracaídas no se abrieron completamente, y el astronauta murió en el impacto con la superficie. Komarov fue el primer astronauta que perdió la vida en el curso de una misión. Tres astronautas norteamericanos

El ser humano en el espacio pág. 18

El soviético Aleksei Leonov (el primer peatón espacial) y el norteamericano Donald Slayton en el momento crucial de la misión conjunta *Apollo-Soyuz* de julio de 1975: el encuentro de los astronautas después del acoplamiento de las dos naves.

En las fotos una *Soyuz* en vuelo y un módulo de descenso fotografiado inmediatamente después del reingreso. La cápsula fue proyectada en tres módulos, para transportar a los cosmonautas soviéticos a la Luna. Pero varios incidentes obligaron a los soviéticos a utilizar esta cápsula como medio de transporte sólo para la órbita terrestre.

**La estación *Mir*
pág. 74**

(Grissom, White y Chafee) habían muerto pocos meses antes (en enero de 1967), pero durante un entrenamiento en el interior de la cápsula *Apollo*. Se lanzaron otras *Soyuz* y finalmente la *4* y la *5*, en enero de 1969, consiguieron ensamblarse y las tripulaciones pudieron encontrarse en el espacio.
Cuando los soviéticos comprendieron que la carrera a la Luna ya estaba perdida, cambiaron de planes. El nuevo objetivo era ahora una estación espacial habitada durante largos períodos de tiempo por cosmonautas transportados arriba y abajo con las *Soyuz*.

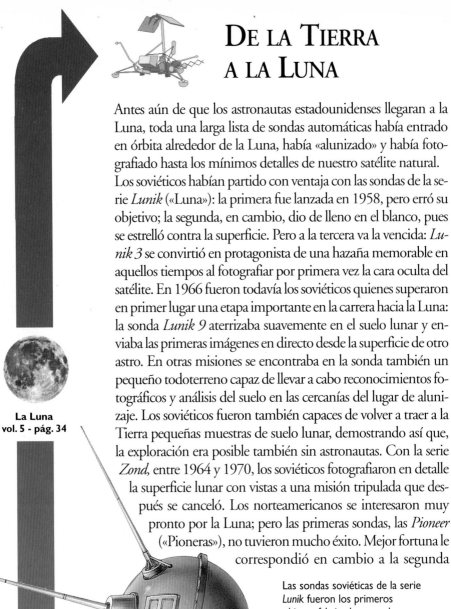

DE LA TIERRA A LA LUNA

Antes aún de que los astronautas estadounidenses llegaran a la Luna, toda una larga lista de sondas automáticas había entrado en órbita alrededor de la Luna, había «alunizado» y había fotografiado hasta los mínimos detalles de nuestro satélite natural. Los soviéticos habían partido con ventaja con las sondas de la serie *Lunik* («Luna»): la primera fue lanzada en 1958, pero erró su objetivo; la segunda, en cambio, dio de lleno en el blanco, pues se estrelló contra la superficie. Pero a la tercera va la vencida: *Lunik 3* se convirtió en protagonista de una hazaña memorable en aquellos tiempos al fotografiar por primera vez la cara oculta del satélite. En 1966 fueron todavía los soviéticos quienes superaron en primer lugar una etapa importante en la carrera hacia la Luna: la sonda *Lunik 9* aterrizaba suavemente en el suelo lunar y enviaba las primeras imágenes en directo desde la superficie de otro astro. En otras misiones se encontraba en la sonda también un pequeño todoterreno capaz de llevar a cabo reconocimientos fotográficos y análisis del suelo en las cercanías del lugar de alunizaje. Los soviéticos fueron también capaces de volver a traer a la Tierra pequeñas muestras de suelo lunar, demostrando así que, la exploración era posible también sin astronautas. Con la serie *Zond*, entre 1964 y 1970, los soviéticos fotografiaron en detalle la superficie lunar con vistas a una misión tripulada que después se canceló. Los norteamericanos se interesaron muy pronto por la Luna; pero las primeras sondas, las *Pioneer* («Pioneras»), no tuvieron mucho éxito. Mejor fortuna le correspondió en cambio a la segunda

La Luna
vol. 5 - pág. 34

Las sondas soviéticas de la serie *Lunik* fueron los primeros objetos fabricados por el ser humano que llegaron a nuestro satélite natural. El 31 de enero de 1966 *Lunik 9* consiguió alunizar suavemente y transmitir las primeras imágenes televisivas de la superficie.

serie, las *Ranger* que consiguió transmitir excelentes imágenes de la superficie lunar. Con las *Surveyor* («Topógrafas»), cuyo primer lanzamiento fue en 1962, la NASA empezó el estudio propiamente dicho para elegir el lugar donde hacer alunizar a los astronautas. Los suaves alunizajes de estas sondas demostraron, entre otras cosas, que una tripulación humana podía caminar en el suelo lunar sin peligro de hundirse en el polvo. Finalmente, las *Lunar Orbiter* («Vehículos Orbitales Lunares»), una serie de 5 sondas lanzadas a partir de 1966, completaron la cartografía del suelo lunar y las imágenes de alta resolución permitieron la elección definitiva del lugar donde descendería la primera misión a la Luna: el Mar de la Tranquilidad.

Las sondas norteamericanas *Surveyor* exploraron la Luna posándose suavemente, para abrir camino a las misiones tripuladas del *Apollo*. Una de estas sondas, la *Surveyor 6*, después de haberse posado en el suelo lunar, volvió a encender los motores y se trasladó a otra región.

Paneles solares

Cámara de televisión

Antena

Depósitos

Plataforma de apoyo

Las misiones *Apollo*

El ser humano en el espacio pág. 18

En la segunda mitad de la década de los sesenta el proyecto *Apollo* («Apolo») para la conquista de la Luna estaba en fase de plena realización. Las dificultades que había que superar y los problemas por resolver se revelaron casi infinitos. El módulo de mando era mucho más grande que las cápsulas *Gemini:* debía acoger a tres astronautas. Se estudió también el módulo que debía llevar a dos de ellos a la superficie de la Luna. Wernher von Braun fue el genial director y el infatigable gestor del diseño y construcción del *Saturn V,* el gigantesco cohete para el viaje a la Luna. Se construyeron nuevas salas de control para el seguimiento de una misión tan extraordinariamente compleja, jamás intentada antes, y que marcaría una etapa inolvidable en la historia del género humano. Para el proyecto *Apollo* el momento de la verdad llegó el 21 de diciembre de 1968. Tanto el cohete *Saturn* como la nave y el LEM (*Lunar Excursion Module,* el módulo de salida o excursión lunar) ya habían sido probados en órbita alrededor de la Tierra. Ahora, por primera vez, tres personas abandonarían la Tierra y, tras un viaje de 400 000 kilómetros, entrarían en órbita lunar. El lanzamiento salió a la perfección.

La Luna vol. 5 - pag. 34

La legendaria tripulación del *Apollo 11:* los astronautas del primer desembarco en la Luna. Neil Armstrong y Edwin Aldrin fueron los dos hombres que bajaron a la superficie; Michael Collins se quedó en el módulo de mando para asistirles permaneciendo en órbita.

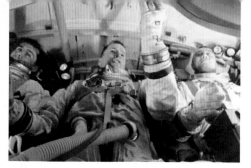

Los tres desafortunados astronautas del *Apollo 1*, Virgil Grissom, Roger Chaffee y Edward White. Murieron en el incendio del módulo de mando, durante un entrenamiento en tierra, el 27 de enero de 1967.

En su nave, el *Apollo 8,* Frank Borman, James Lovell y William Anders encendieron los retrocohetes y abandonaron el campo gravitacional terrestre. Los astronautas del *Apollo 8* fueron los primeros que vieron, en la lejanía desde el espacio, nuestro planeta, y que observaron directamente la cara oculta de la Luna. Antes de intentar el desembarco propiamente dicho los astronautas del proyecto *Apollo* probaron y volvieron a probar, en órbita terrestre, las complejas maniobras necesarias para el alunizaje. Con el *Apollo 9* se probó el desacoplamiento y el reacoplamiento del módulo de alunizaje. Todo iba bien. El *Apollo 10* volvió a la Luna, pero sólo para probar otra vez las maniobras de ensamblaje del LEM, esta vez en órbita lunar. A bordo del módulo lunar los astronautas Stafford y Cernan llegaron a tan sólo 15 kilómetros del suelo lunar. Después volvieron a ascender y se reensamblaron al módulo de mando que los había asistido en órbita. También la prueba general del *Apollo 10* salió perfectamente. Todo estaba ya listo para el desembarco.

Charles Conrad, Richard Gordon y Allan Bean (abajo a la izquierda), los tres astronautas del *Apollo 12,* en misión desde el 14 al 24 de noviembre de 1969. El módulo lunar *Intrepid* («Intrépido») alunizó a tan sólo 180 metros de una vieja sonda lunar, la *Surveyor.*

James Lovell, John Swigert y Fred Haise fueron los tres protagonistas de la desgraciada misión *Apollo 13.* Evitaron por poco el desastre, después de que la explosión de un depósito de oxígeno había dañado el módulo de mando, a medio camino hacia la Luna.

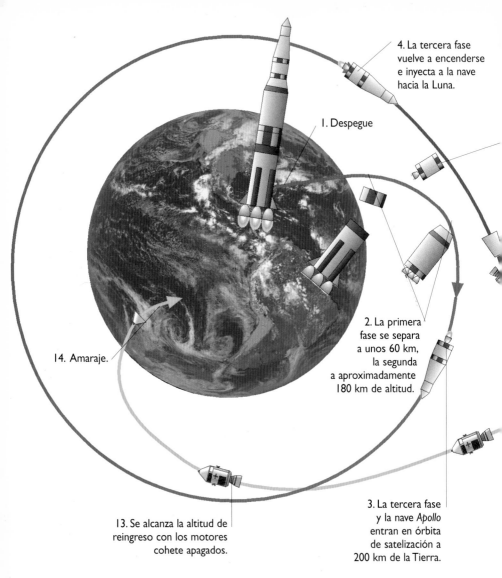

4. La tercera fase vuelve a encenderse e inyecta a la nave hacia la Luna.

1. Despegue

2. La primera fase se separa a unos 60 km, la segunda a aproximadamente 180 km de altitud.

14. Amaraje.

3. La tercera fase y la nave *Apollo* entran en órbita de satelización a 200 km de la Tierra.

13. Se alcanza la altitud de reingreso con los motores cohete apagados.

Las etapas del desembarco en la Luna. Fue necesario dar una órbita alrededor de la Tierra para inyectar después la nave *Apollo* y el LEM hacia la órbita lunar. Sólo el módulo lunar descendió a la Luna y nada más que su fase de ascenso se volvió a ensamblar con el *Apollo*, que se había quedado para asistir en órbita lunar.

Una vez recuperados los astronautas que habían desembarcado en la Luna, el *Apollo* abandonaba también la fase de ascenso del módulo lunar y, después de otra órbita alrededor de la Luna, se dirigía finalmente hacia la Tierra, donde los astronautas amararon sólo con el módulo de mando.

5. La tercera fase se separa de la nave.

Dado que la Luna se mueve alrededor de la Tierra a más de 3 200 kilómetros por hora, los lugares de alunizaje tenían que coincidir con la posición de la Luna al final de los tres días de viaje de los astronautas.

6. Maniobra para poner en cabeza el módulo lunar, que había salido en «cola».

10. El módulo lunar se separa y empieza el descenso.

11. El módulo lunar se acerca a la superficie y aluniza.

7. Corrección de ruta.

El *Apollo 11* pág. 38

12. El módulo lunar se abandona definitivamente.

8. El motor del módulo de servicio se enciende dos veces para entrar en órbita lunar.

9. Dos astronautas entran en el módulo lunar, mientras el módulo de servicio, con un astronauta, permanece en órbita de satelización a 115 km de la superficie.

EL *SATURN V*

El *Saturn V* es el cohete más grande que se ha realizado en la historia de la humanidad. Todo lo que sirvió para la construcción de este enorme transportador era gigantesco. El edificio donde se montó tenía 36 pisos de altura. El vehículo especial que lo transportó a la rampa de lanzamiento era el medio de transporte terrestre más grande que se había construido y circulaba a una velocidad de 1,6 km/h. La rampa era tan alta como un rascacielos de 45 pisos y sus tres fases superaban, con la cápsula *Apollo*, los 110 metros. La construcción del *Saturn* había comenzado en 1961 con modelos más pequeños, como los *Saturn 1 y 1b*. Con estos cohetes el módulo de mando del *Apollo* fue probado en diversas ocasiones en órbita alrededor de la Tierra. Pero para llegar a la Luna estas primeras versiones eran insuficientes. La primera comprobación, en tierra, del *Saturn V* midió su extraordinaria potencia: podía transportar 129 toneladas en órbita baja y más de 45,5 toneladas en la Luna. Para hacerse una idea, podemos recordar que la *Space Shuttle,* la Lanzadera Espacial, uno de los «pesos pesados» de la astronáutica actual, transporta sólo 30 toneladas en órbita baja; de la Luna ni siquiera se habla. El bautismo oficial del *Saturn V* tuvo lugar con una de las misiones más memorables de la historia espacial: el *Apollo 8.* Con esta misión los tres astronautas (Borman, Lovell, Anders) abandonaron por primera vez la Tierra, para dirigirse hacia la Luna y entrar en su órbita. No estaba previsto ningún alunizaje, pero el primer vuelo de tres personas lejos de la Tierra emocionó (quizá tanto como el desembarco en la Luna, si no más) a todo el planeta. Impulsado por los potentes motores del *Saturn V,* el módulo de mando del *Apollo 8* llegó felizmente a la Luna y desde allí vio surgir sobre el horizonte desolado y cubierto de cráteres el disco blanco azulado de la Tierra: un momento irrepetible.

El motor cohete
pág. 12

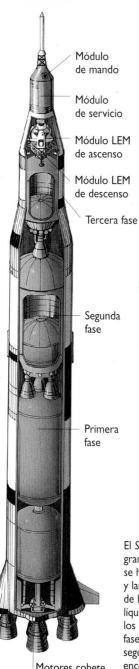

Módulo
de mando

Módulo
de servicio

Módulo LEM
de ascenso

Módulo LEM
de descenso

Tercera fase

Segunda
fase

Primera
fase

Motores cohete

El *Apollo 11*
pág. 38

El primer *Saturn V* partió
de la rampa de lanzamiento
de Cabo Cañaveral el 9
de noviembre de 1967;
el último puso en órbita
el laboratorio espacial *Skylab*
el 14 de mayo de 1973.

El *Saturn V* es el cohete más
grande y potente que jamás
se haya construido
y lanzado. Sus motores
de hidrógeno y oxígeno
líquidos (en el corte se ven
los depósitos de las diversas
fases) en los 2 minutos y 40
segundos que permanecían
encendidos quemaban más
de 2 millones de kilos
de propergol.

Las misiones *Apollo*
pág. 30

EL MÓDULO
DE MANDO

En la ojiva del *Saturn V* se hallaban acoplados los diversos vehículos espaciales que se utilizarían en la misión lunar. El LEM, el módulo lunar, estaba parcialmente plegado, y encima de él se encontraban el módulo de servicio, donde se alojaban los depósitos de oxígeno, de carburante, y el motor cohete que inyectaría el *Apollo* fuera de la órbita lunar inyectándolo hacia la Tierra. Aún más arriba se encontraba el módulo de mando, la cápsula de forma cónica donde se alojaban los astronautas. De frente a los tres asientos estaban dispuestos los tableros de mandos, que comprendían 64 indicadores de diversos parámetros, 71 pilotos o luces, y 560 interruptores. La parte posterior del módulo de mando era plana y estaba recubierta por el escudo térmico que protegería a los astronautas durante el reingreso en la atmósfera terrestre. En la configuración de vuelo el módulo de mando estaba acoplado al de servicio y juntos tenían el aspecto de un pequeño cohete de forma cilíndrica del cual sobresalía la gran tobera del motor.

Las maniobras realizadas por el módulo de mando durante el viaje hacia la Luna eran muy laboriosas y difíciles. Después de haber partido de la Tierra, el *Saturn V* abandonaba la primera fase a unos 60 kilómetros de altitud y la segunda a 180. En este punto la tercera fase, junto al módulo de mando, al de servicio y al LEM entraban en una órbita de satelización alrededor de la Tierra. Desde aquí la tercera fase del *Saturn* los inyectaba hacia la Luna. Aproximadamente

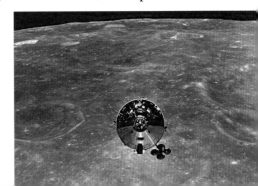

El módulo de mando
y de servicio en órbita
lunar, fotografiado
por los astronautas
desde el LEM que se
acaban de desenganchar
para iniciar el descenso
hacia el suelo lunar.

El módulo de mando y el módulo de servicio, en la disposición asumida durante el vuelo hacia la Luna. En el módulo de servicio, además de varios depósitos estaba colocado también el gran motor para las maniobras orbitales alrededor de la Luna y para volver a entrar en órbita terrestre en el camino de regreso.

Motor

Módulo de servicio

Reserva de combustible

Módulo de mando

Neil Armstrong, el comandante del *Apollo 11* y el primer ser humano sobre la Luna, frente al complicado tablero de mandos de la cabina de pilotaje.

a mitad de camino se abandonaba la tercera fase y el módulo de mando y de servicio se separaba del LEM. Después de una rotación de 180 grados el módulo de mando se acoplaba con el módulo lunar en una nueva configuración, «de morro», por explicarlo de alguna manera. De esta manera, los dos astronautas destinados a descender a la Luna podían pasar del módulo de mando al de descenso. Después de la misión en la Luna, el LEM se volvía a acoplar, «de morro», al módulo de mando y los dos astronautas volvían a entran en la cápsula que les devolvería a la Tierra.

EL *APOLLO 11*

Las misiones *Apollo*
pág. 30

La histórica misión que llevó al ser humano a la superficie lunar estaba compuesta por tres astronautas: Neil A. Armstrong, Michael Collins y Edwin «Buzz» Aldrin. El módulo de mando se llamaba *Columbia* y el LEM *Eagle* («Águila»). El *Saturn V* que debía transportar el *Apollo 11* hacia la Luna se elevó de la rampa de lanzamiento el 16 de julio de 1969. La mañana del 20 de julio los astronautas entraron en órbita lunar. Mientras volaban sobre la cara oculta, el LEM, con Armstrong y Aldrin a bordo, se separó del módulo de mando. Durante algunos minutos, los módulos lunar y de mando volaron uno junto al otro para realizar una última inspección visual. Todo estaba en su sitio: el control de Houston dio el visto bueno para el descenso. De nuevo, la crucial maniobra de encendido de los retrocohetes tuvo lugar mientras sobrevolaban la cara oculta. Cuando los contactos por radio se restablecieron, el módulo lunar ya estaba ocupado en el descenso. Para ir de la órbita a la superficie lunar, el LEM empleó doce minutos y medio cargados de tensión, durante los cuales encendió dos veces los motores de frenado. El primer encendido tuvo lugar a 15 kilómetros de altitud, el segundo a unos 2 000 metros. En este punto se encendió una luz de alarma. Pero el control de Houston dijo que no era nada serio e hizo continuar el descenso. A unos 1 000 metros del suelo lunar se disparó otra

La Luna
vol. 5 - pág. 34

La sala de control de Houston que siguió la histórica gesta de la conquista de la Luna. Houston fue la primera palabra pronunciada por Armstrong nada más llegar a la Luna (era el anuncio de que todo había salido bien).

alarma, y en los siguientes minutos otros cuatro pilotos luminosos se encendieron amenazadoramente. Houston, sin embargo, después de rápidas verificaciones, decidió autorizar el alunizaje. Pero los dos astronautas, distraídos por la serie de alarmas, no se habían dado cuenta de que el piloto automático les estaba llevando a una zona sembrada de grandes rocas. El Mar de la Tranquilidad, el lugar designado para el alunizaje, no era después de todo tan tranquilo. Posar una pata del módulo lunar sobre una roca habría significado su vuelco y quedarse en la Luna para siempre. A unos 300 metros, Armstrong tomó el control manual del módulo lunar y lo pilotó hacia un área menos accidentada en apariencia. Una nueva alarma, esta vez muy seria, advirtió a los astronautas que tenían sólo 94 segundos para tocar la superficie. El combustible se estaba ya acabando y lo que quedaba debía utilizarse para el ascenso. En los últimos metros de descenso el polvo levantado por el motor del módulo lunar no dejaba ver a Armstrong más que a pocos metros a la redonda. Afortunadamente, consiguió posar el módulo en una zona bastante plana, cerca de una piedra y no lejos de un cráter. Las primeras palabras apenas apagados los motores se hicieron famosas: «Houston control, Tranquillity Base, the Eagle has landed» («Control de Houston, Base de la Tranquilidad, el Águila ha aterrizado»).

La placa de salutación al Universo dejada por los primeros astronautas en la Luna, en recuerdo de su extraordinaria hazaña. La cápsula del *Apollo 11* después de amarar en el océano. Su misión había durado poco más de 195 horas (ocho días y tres horas).

La bota de un astronauta deja una huella en la regolita (el suelo) lunar que quedará impresa durante miles de millones de años. Sin atmósfera, sin viento ni lluvia nada podrá borrarla.

La primera huella dejada por un ser humano sobre la Luna, la de Neil Armstrong, en julio de 1969.

El descenso del módulo de alunizaje tenía lugar con una escalerilla. En la foto, el astronauta Edwin Aldrin está a punto de descender en la Luna.

Una pequeña ceremonia celebró el exitoso alunizaje de los astronautas del *Apollo 11*. Para que la bandera se quedara desplegada en un mundo sin atmósfera ni viento, estaba provista de hilos rígidos especiales.

Edwin Aldrin fotografiado por Armstrong: en el fondo la desolada magnificencia del paisaje lunar.

Un astronauta del *Apollo* inspecciona la sonda *Surveyor 3*, que había alunizado dos años y medio antes. Formaba parte de una serie de exploraciones preparatorias.

EL MÓDULO LUNAR

**Las misiones *Apollo*
pág. 30**

El LEM, el módulo lunar, se parecía a un gran insecto metálico, con cuatro largas patas. No tenía la forma fusiforme y aerodinámica de las cápsulas o de la más reciente Lanzadera Espacial. De hecho este módulo se usaba sólo en el vacío cósmico o en la superficie lunar, ambientes sin atmósfera ni aire. El módulo lunar era un componente esencial de las misiones *Apollo*. Dos de los tres astronautas se trasladaban a él una vez alcanzada la órbita lunar y, cuando se habían separado del módulo de mando, iniciaban el descenso. Con esta extraña máquina, construida en aleaciones de aluminio reforzadas con titanio (de una altura de 7 metros por 9,4 de anchura, y con un peso de 15 toneladas), 12 astronautas del proyecto *Apollo* desembarcaron en la Luna. ¿Pero cómo estaba hecho este sorprendente módulo? Las partes principales eran dos. La primera, la fase de descenso, disponía de un potente motor para ralentizar la velocidad de aproximación a la superficie. Esta fase funcionaba también como rampa de lanzamiento cuando los astronautas, acabada la exploración lunar, volvían a partir abandonándolo en la Luna. Su peso era de unos 2/3 del total y contenía también varios almacenes para los aparatos científicos usados por los astronautas durante la misión lunar. En uno de estos depósitos estaba también plegado el famoso todoterreno lunar: el *Lunar Rover* («Vagabundo lunar», a imitación del conocido *Land Rover*).

**La Luna
vol. 5 - pág. 34**

Los astronautas llamaban *araña* al módulo lunar. Este extraordinario vehículo espacial era una pequeña obra maestra de ingeniería. Sus ligerísimos ordenadores, el sistema de conducción y los motores para el descenso y la subida eran lo mejor que ofrecía la tecnología de la época. En la foto, el LEM *Falcon* («Halcón») del *Apollo 15*.

La cabina de los dos astronautas se encontraba en la fase de ascenso. Las estructuras en aleación de aluminio estaban recubiertas (como también las de la fase de descenso) de un aislante térmico y de un escudo contra los micrometeoritos. Tres ventanillas aseguraban una buena panorámica tanto de la superficie lunar durante el descenso, como del módulo de mando durante el atraque en órbita. En el módulo de ascenso había también varios almacenes con las provisiones de alimentos, agua y aire, y los trajes espaciales que tenían que ponerse para poder salir al «aire» libre, sobre la superficie lunar.

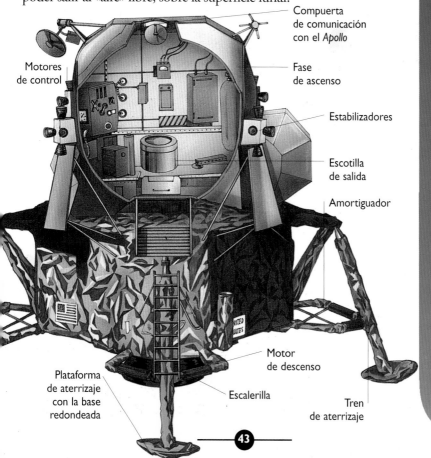

Compuerta
de comunicación
con el *Apollo*

Motores
de control

Fase
de ascenso

Estabilizadores

Escotilla
de salida

Amortiguador

Motor
de descenso

Plataforma
de aterrizaje
con la base
redondeada

Escalerilla

Tren
de aterrizaje

LA VIDA A BORDO DEL *APOLLO*

La cápsula *Apollo* no era tan grande como la Lanzadera Espacial: sus dimensiones –3,5 metros de altura por 4 de ancho– no permitían grandes movimientos. Y no había ni cocinas (quizá sólo para calentar los alimentos) ni aseos, ni nichos para dormir. Todo el equipamiento estaba almacenado en pequeños armaritos a lo largo de las paredes de la cabina. En este limitado entorno tres personas debían pasar casi 10 días, lo que duraban de media las misiones *Apollo*. Pero las condiciones de un vuelo normal a la Luna eran lujosas si se comparan con las que tuvieron que afrontar en el *Apollo 13*.

El *Apollo 13* se encontraba ya a medio camino entre la Tierra y la Luna cuando de improviso una terrible explosión en la parte de servicio de la cápsula destruyó un depósito de oxígeno. Era el 13 de abril de 1970, y el *Apollo 13* llevaba 56 horas de vuelo. Los astronautas comunicaron al control de la misión en Houston: «Tenemos un problema». Era el inicio de una pesadilla. Los daños enseguida se revelaron gravísimos. La deflagración había inutilizado también los depósitos de agua y el sistema eléctrico. El módulo de mando

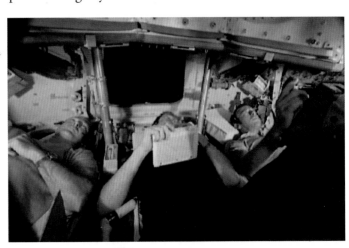

Auriculares

Casco

Visor
solar

Sistema de
comunicaciones

Bolsillo para
lámpara

Salida de
anhídrido
carbónico

Oxígeno

Bolsillo
adhesible

En el despegue y durante los paseos lunares, los astronautas llevaban puestos trajes presurizados especiales. En cambio, en el interior del módulo de mando, durante el vuelo, podían llevar prendas más cómodas y ligeras. En la foto superior, Michael Collins mientras se prueba el traje espacial. En la página de la izquierda, tres astronautas del *Apollo* en el módulo de mando.

permaneció sin agua, ni energía, ni oxígeno. Los tres astronautas se trasladaron al módulo lunar, que, sin embargo, tenía reservas de agua y aire sólo para 50 horas y para dos personas. Con la ayuda de los controladores de Houston, los tres consiguieron llegar a la órbita lunar y regresar a la Tierra, racionando el agua y aprovechando las limitadas reservas de oxígeno y de energía del módulo lunar para sobrevivir. Aferrados al módulo lunar como a un bote salvavidas, los tres astronautas vivieron 95 horas terribles, constantemente al borde del desastre. El mundo los siguió con el alma en vilo. La temperatura en el interior del módulo lunar era sólo de unos pocos grados sobre cero, y la ración de agua un vaso al día. Exhaustos y deshidratados después de casi seis días los tres astronautas consiguieron volver a la Tierra y amarar en el Pacífico el 17 de abril. A pesar de que la misión *Apollo 13* había fracasado en todos sus objetivos, se hizo la más famosa después del *Apollo 11,* o quizá incluso más.

EL *ROVER*

**Las misiones *Apollo*
pág. 30**

La misión *Apollo 15,* que partió el 26 de julio de 1971, fue la primera en utilizar el famoso todoterreno lunar, el *Rover.*
Era un vehículo plegable que iba guardado en un compartimento del módulo lunar. Bastaba tirar de un resorte y el compartimento se abría dejando caer a la superficie el *Rover,* que se abría inmediatamente y quedaba dispuesto sobre las cuatro ruedas, preparado para partir. A bordo, además de los dispositivos de conducción, había un sistema de navegación que se mantenía siempre en contacto con el módulo lunar, indicando su posición. El *Rover* era un vehículo eléctrico y las baterías le permitían una autonomía de unos 89 kilómetros, con una velocidad máxima de 11 kilómetros por hora. Estos todoterrenos, que al final de la misión se abandonaban en la Luna (donde aún se encuentran aparcados), fueron utilizados también por las misiones *Apollo 16* y *17.* Los astronautas del *Apollo 15* hicieron tres viajes diferentes con el *Rover,* pasando, en total, más de 18 horas sobre la superficie de la Luna y recorriendo más de 27 kilómetros, durante las exploraciones del cañón de Ridley Hille. En estas exploraciones lunares recogieron casi 80 kilos de rocas, que trajeron después a la Tierra. También la tripulación del *Apollo 16* recorrió casi 30 kilómetros sobre la superficie de la Luna, alejándose para visitar un cráter de 1 200 metros de anchura y 200 de

**La Luna
vol. 5 - pág. 34**

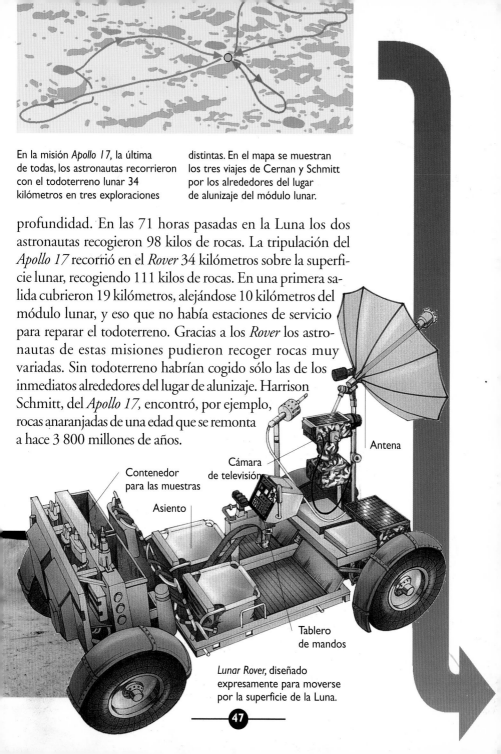

En la misión *Apollo 17,* la última de todas, los astronautas recorrieron con el todoterreno lunar 34 kilómetros en tres exploraciones distintas. En el mapa se muestran los tres viajes de Cernan y Schmitt por los alrededores del lugar de alunizaje del módulo lunar.

profundidad. En las 71 horas pasadas en la Luna los dos astronautas recogieron 98 kilos de rocas. La tripulación del *Apollo 17* recorrió en el *Rover* 34 kilómetros sobre la superficie lunar, recogiendo 111 kilos de rocas. En una primera salida cubrieron 19 kilómetros, alejándose 10 kilómetros del módulo lunar, y eso que no había estaciones de servicio para reparar el todoterreno. Gracias a los *Rover* los astronautas de estas misiones pudieron recoger rocas muy variadas. Sin todoterreno habrían cogido sólo las de los inmediatos alrededores del lugar de alunizaje. Harrison Schmitt, del *Apollo 17,* encontró, por ejemplo, rocas anaranjadas de una edad que se remonta a hace 3 800 millones de años.

Antena

Cámara de televisión

Contenedor para las muestras

Asiento

Tablero de mandos

Lunar Rover, diseñado expresamente para moverse por la superficie de la Luna.

LA ESTACIÓN *SALYUT*

La existencia de un puesto espacial avanzado, habitado permanentemente por el ser humano, había sido ya considerado por los escritores de ciencia ficción una base necesaria en cualquier misión dirigida a la Luna o a Marte. Cuando los soviéticos se dieron cuenta de que habían perdido la carrera por la conquista de la Luna, cambiaron sus programas espaciales, apostándolo todo a una gran estación orbital. La *Salyut* («Saludo») se convirtió en la primera estación de la historia; era el 19 de abril de 1971. ¿Cómo era esta base espacial? Después de todo, no tan grande: su longitud no llegaba a los 15 metros, mientras que el diámetro, en el punto más ancho, era de 4 metros. El peso llegaba a las 25 toneladas. Al verla parecía una pequeña cadena de 4 cilindros, acoplados uno a otro. Una serie de paneles solares cubría las necesidades de electricidad de la nave.

La entrada en la estación se efectuaba a través de un primer compartimento. Desde allí se entraba en un segundo departamento donde estaban colocados los aparatos científicos para los experimentos, y que servía también de dormitorio y comedor. Le seguía un tercer compartimento que alojaba los aseos y los aparatos de gimnasia, indispensables para contrarrestar los peligrosos efectos de la gravedad cero. Finalmente, un último cilindro contenía depósitos y sistemas de propulsión para ocasionales correcciones de órbita. La estación fue lanzada sin tripulación y los primeros cosmonautas que se acercaron a la *Salyut 1* fueron los de la *Soyuz 10.* Por razones aún hoy misteriosas no consiguieron entrar en ella. Fue la tripulación de la *Soyuz 11* la que inauguró esta avanzadilla espacial. Lamentablemente, durante la reentrada la rotura de una válvula despresurizó bruscamente el módulo donde se encontraban los cosmonautas. Para Georgi Dobrovolsky, Vladislav Volkov y Víktor Patsayev la muerte fue casi instantánea.

En la *Salyut* atracaban tanto las *Soyuz,* tripuladas, como los módulos *Progress* que llevaban provisiones, piezas de

**Las misiones *Soyuz*
pág. 26**

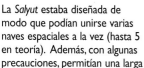

La estación *Mir*
pág. 74

La *Salyut* estaba diseñada de modo que podían unirse varias naves espaciales a la vez (hasta 5 en teoría). Además, con algunas precauciones, permitían una larga estancia en el espacio. Entre otras, el distinto color del suelo, el techo y las paredes, para facilitar la orientación de los cosmonautas en un ambiente sin gravedad.

recambio y aparatos científicos. Con estos apéndices, la *Salyut* disponía de un espacio notable para la época. Los soviéticos han lanzado diversas *Salyut,* que hoy día, a tantos años de distancia, han desaparecido todas desintegrándose al caer a la atmósfera (la última en 1991). Las más afortunadas y productivas desde el punto de vista científico fueron las dos últimas: la *6* y la *7.* En la *Salyut 7* se batió un récord de permanencia en el espacio: 237 días.

LAS SONDAS *PIONEER*

Junto a las hazañas de los astronautas, tanto los estadounidenses como los soviéticos desarrollaron un intenso programa de exploraciones automáticas del Sistema Solar. Una de las misiones más extraordinarias, al menos para la época, fue la de las dos sondas gemelas estadounidenses *Pioneer 10* y *11,* que partieron, respectivamente, en marzo de 1972 y abril de 1973. Hasta ese momento las sondas automáticas se habían lanzado hacia planetas cercanos, como Marte o Venus.

Nadie se había atrevido aún a enviar un pequeño ingenio a las profundidades de los abismos siderales. Las sondas *Pioneer* superaron brillantemente la prueba. Por ejemplo, nadie sabía si más allá de la órbita de Marte era posible atravesar sin daños el cinturón de asteroides. Se pensaba que las sondas chocarían probablemente con algún pequeño (o gran) fragmento errante. En cambio, todo fue como la seda. Las sondas atravesaron sin el mínimo daño el cinturón de asteroides y llegaron por primera vez a las cercanías del planeta gigante del Sistema Solar, Júpiter. Como este planeta se encuentra a 800 millones de kilómetros de la Tierra, la NASA tuvo que desarrollar las antenas receptoras, si no las

Los viajes espaciales pág. 10

La *Pioneer 10* después de haber seguido la ruta prevista para visitar Júpiter y Saturno, salió del Sistema Solar y ya se encuentra a más de 5 000 millones de kilómetros, es decir, a más de 14 «horas luz».

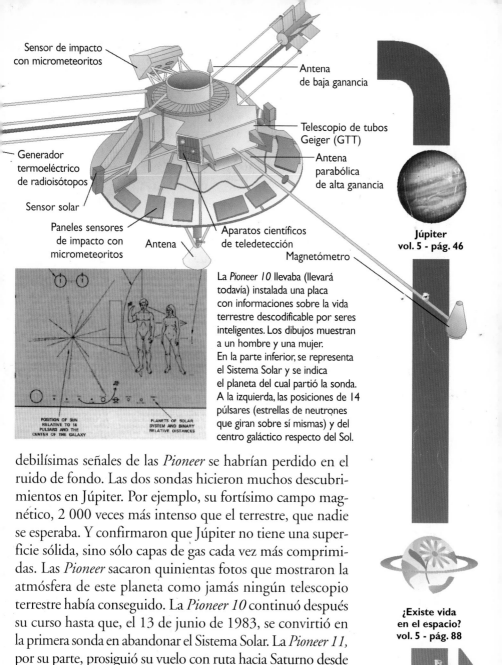

Sensor de impacto con micrometeoritos

Antena de baja ganancia

Telescopio de tubos Geiger (GTT)

Generador termoeléctrico de radioisótopos

Antena parabólica de alta ganancia

Sensor solar

Paneles sensores de impacto con micrometeoritos

Antena

Aparatos científicos de teledetección

Magnetómetro

Júpiter
vol. 5 - pág. 46

La *Pioneer 10* llevaba (llevará todavía) instalada una placa con informaciones sobre la vida terrestre descodificable por seres inteligentes. Los dibujos muestran a un hombre y una mujer. En la parte inferior, se representa el Sistema Solar y se indica el planeta del cual partió la sonda. A la izquierda, las posiciones de 14 púlsares (estrellas de neutrones que giran sobre sí mismas) y del centro galáctico respecto del Sol.

debilísimas señales de las *Pioneer* se habrían perdido en el ruido de fondo. Las dos sondas hicieron muchos descubrimientos en Júpiter. Por ejemplo, su fortísimo campo magnético, 2 000 veces más intenso que el terrestre, que nadie se esperaba. Y confirmaron que Júpiter no tiene una superficie sólida, sino sólo capas de gas cada vez más comprimidas. Las *Pioneer* sacaron quinientas fotos que mostraron la atmósfera de este planeta como jamás ningún telescopio terrestre había conseguido. La *Pioneer 10* continuó después su curso hasta que, el 13 de junio de 1983, se convirtió en la primera sonda en abandonar el Sistema Solar. La *Pioneer 11*, por su parte, prosiguió su vuelo con ruta hacia Saturno desde donde transmitió, por vez primera, las imágenes de sus anillos, descubriendo incluso dos nuevos.

¡Existe vida en el espacio?
vol. 5 - pág. 88

EL LABORATORIO ESPACIAL *SKYLAB*

También los estadounidenses, a comienzos de los años setenta, lanzaron su propia estación espacial: el *Skylab*. En un cierto sentido, fue una consecuencia del proyecto *Apollo*. De hecho, el *Skylab* se realizó, por así decirlo, con las piezas de recambio sobrantes, después de haber ganado la carrera para la conquista de la Luna. La estación espacial no era más que la tercera fase transformada en cómodo y amplio laboratorio. Las dimensiones del *Skylab* eran enormes: 36 metros de largo, 6,4 de diámetro, y 100 toneladas de peso. En su interior se habían recabado dos amplios compartimentos para los laboratorios y para el alojamiento de los astronautas, que comprendía aseos con cinturones de seguridad y ducha (¡por fin!), una mesa de comedor cerca de una ventanilla con una excelente vista de la Tierra, cocina para calentar las raciones, despensa con 72 alimentos diferentes, y aparatos para la inevitable gimnasia cotidiana. En el exterior se encontraban diversas escotillas que permitían el atraque de varias naves a la vez y el telescopio para las observaciones solares (además de antenas, paneles, etc.).

Los viajes espaciales
pág. 10

El ser humano
en el espacio
pág. 18

Paneles solares

Telescopio *Apollo*

Escotilla de ensamblaje

Módulo de mando

Módulo de servicio

Laboratorio espacial

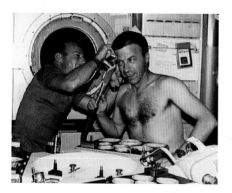

El *Skylab* fue lanzado en 1973 y ya durante el primer vuelo se desprendió un escudo antimeteoritos y dañó los paneles solares y el aislamiento térmico. Sin energía suficiente a causa de los daños a los paneles, los sistemas de a bordo no podían funcionar. La misión de la primera tripulación, lanzada en mayo del mismo año, fue reparar los paneles. Después se quedaron 28 días a bordo. La segunda tripulación, que partió en julio de 1973, permaneció 59 días llevando a cabo observaciones tanto de la Tierra como del Sol. La última tripulación (lanzada en noviembre de 1973) batió todos los récords: permaneció 84 días e hizo numerosos estudios sobre los efectos de la gravedad cero. El *Skylab,* abandonado, se precipitó en la atmósfera y se desintegró en 1979.

La vida a bordo del *Skylab* era mucho más cómoda que en las cápsulas *Apollo.* Había espacio para todo tipo de actividad. Por ejemplo, la comida se consumía en una mesita especial detrás de la cual se encontraba una ventanilla con vistas de la Tierra. En la foto, la tripulación del *Skylab 3* en dos momentos de la ajetreada jornada a bordo de la nave.

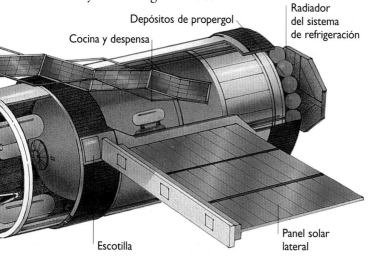

Depósitos de propergol

Cocina y despensa

Radiador del sistema de refrigeración

Escotilla

Panel solar lateral

Un módulo de mando y de servicio de la cápsula *Apollo* a punto de atracar en la enorme estación orbital *Skylab.* Antes de la ISS (*International Space Station,* la Estación Espacial Internacional), el *Skylab* fue el laboratorio espacial más grande. En él se realizaron importantes estudios biológicos sobre las reacciones del cuerpo a la ingravidez, y astronómicos, en especial sobre el Sol.

La costa de Toscana (Italia) vista desde el *Skylab*. Además del mar son visibles los Apeninos, la nieve de los Alpes Apuanos y las zonas pantanosas cercanas a la costa, en el parque regional de Migliarino, San Rossore, Massaciuccoli.

A finales de la segunda misión del *Skylab*, los astronautas salieron a dar un paseo espacial para recuperar los carretes de la película utilizada para sacar fotos con el telescopio solar. La película se trajo después a la Tierra.

El Sol (página de la derecha) en una imagen desde el *Skylab*. Fue obtenida con instrumentos sensibles a los rayos X, que detectaron estos emitidos por la corona solar, con temperaturas de 5 000 millones de grados o más. Las manchas blancas y negras indican, respectivamente, regiones de mayor o menor actividad.

Una extraordinaria foto
del disco solar tomada por
el telescopio del *Skylab*.
Es claramente visible a la izquierda
una protuberancia, es decir,
una llamarada de una altura
de cientos de miles de kilómetros
guiada por los potentes campos
magnéticos solares.

LA *MARINER 10*

Venus

Menos Plutón, todos los planetas han sido visitados por una sonda automática por lo menos una vez. También Mercurio, el planeta más cercano al Sol, ha sido fotografiado por una de estas periodistas cósmicas: la *Mariner 10* («Marina o Marinera 10»). La observación de Mercurio con un telescopio es difícil, porque este planeta está muy cerca del Sol. Antes de la misión *Mariner 10,* de Mercurio se conocían sólo pocos datos generales, como la masa y las características de la órbita. Pero, por ejemplo, la duración del día mercuriano (el tiempo de la rotación sobre su propio eje), de casi 59 días, fue confirmada precisamente por esta sonda.

La *Mariner 10* fue lanzada en noviembre de 1973. Su destino no era sólo Mercurio, sino también Venus. Aprovechando la posición de los dos planetas se podía aprovechar la gravedad de Venus para acelerar la sonda hacia Mercurio. Jamás un ingenio construido por el ser humano se había acercado tanto al Sol. La *Mariner 10,* respecto a las otras sondas de la misma serie (que sin embargo se habían dirigido hacia Marte) fue reforzada notablemente para protegerla de las altas temperaturas (hasta 420 °C) del día mercuriano. A bordo se encontraban también dos cámaras de televisión, otros aparatos y un motor cohete para eventuales correcciones de ruta.

Los viajes espaciales
pág. 10

La *Mariner 10* tomó esta foto de Mercurio durante su paso del 19 de marzo de 1974. La imagen es un mosaico de varias fotos y nos muestra un planeta desolado y totalmente cubierto de cráteres y llanuras de lava enfriada hace ya más de 3 000 millones de años, que le confieren un aspecto muy parecido a la Luna.

Tierra

Mercurio

En su viaje hacia Mercurio, la *Mariner 10* se dirigió inicialmente hacia Venus para recibir de él un «puntapié» gravitacional capaz de inyectarla hacia Mercurio sin necesidad de encender el motor principal ni consumir propergol.

La *Mariner 10* llegó a Venus en febrero de 1974 y tomó unas 3 000 fotos de sus nubes: muchas de ellas con un filtro ultravioleta. Estas primeras imágenes hicieron comprender a los científicos los mecanismos fundamentales que regulan la circulación atmosférica venusina. De Venus a Mercurio: la sonda llegó en marzo de 1974. A su paso la *Mariner 10* consiguió fotografiar el 40 % de la superficie del planeta: ¡el planeta más cercano al Sol se parecía a nuestra Luna! Y no sólo eso, los instrumentos de a bordo descubrieron que también Mercurio tiene un tenue campo magnético. Después de una órbita alrededor del Sol, la *Mariner 10* visitó Mercurio en otras dos ocasiones, sacando fotos y estudiando más a fondo el campo magnético recién descubierto. La misión fue un éxito y demostró la posibilidad de utilizar la gravedad de un planeta como combustible para enviar una sonda hacia un objetivo todavía más distante.

Mercurio
vol. 5 - pág. 26

Antena de baja ganancia

Panel solar

Cámaras de televisión

La *Mariner 10*, proyectada para resistir las altas temperaturas provocadas por la cercanía del Sol. Un escudo térmico, paneles solares giratorios y un revestimiento aislante consiguieron protegerla.

Brazo del magnetómetro

Antena de alta ganancia

Escudo térmico protector

Venus
vol. 5 - pág. 28

LAS SONDAS *VIKING*

¿Existe en Marte, o ha existido en el pasado, una forma de vida primordial, por lo menos parecida a las bacterias terrestres? Fue sobre todo para responder a esta pregunta por lo que los estadounidenses lanzaron en 1975 una ambiciosa misión para explorar el misterioso planeta rojo. La expedición estaba formada por dos sondas, cada una de las cuales contenía un módulo de aterrizaje que se desprendería una vez alcanzada la órbita de Marte y se posaría en su superficie. En junio de 1976, *Viking 1* («Vikinga 1») entró en órbita alrededor de Marte y, a partir de las fotos enviadas, los controladores de la misión eligieron el punto donde hacer descender el módulo de aterrizaje: el legendario *Viking Lander*. Era el 20 de julio de 1976, y por primera vez un robot construido por el ser humano se posaba sobre la superficie de Marte. Pocos días después también la *Viking 2* conseguía realizar perfectamente la maniobra. El escritor de ciencia ficción Ray Bradbury comentó con estas palabras el exitoso aterrizaje: «¡Ahora los marcianos somos nosotros!».

Los viajes espaciales pág. 10

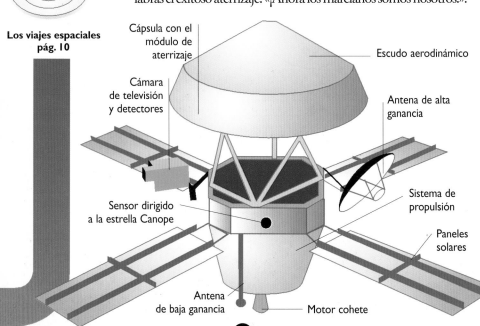

Cápsula con el módulo de aterrizaje

Escudo aerodinámico

Cámara de televisión y detectores

Antena de alta ganancia

Sensor dirigido a la estrella Canope

Sistema de propulsión

Paneles solares

Antena de baja ganancia

Motor cohete

Una vez aterrizada, la sonda comenzó a enviar fotos. El suelo de Marte apareció como una extensión rojiza sembrada de rocas, un desierto desolado sin trazas de vida. También las demás mediciones confirmaron que Marte es un mundo inhóspito: la temperatura oscilaba entre –30 °C y –90 °C. En invierno la superficie se cubría con una delgada costra helada y la presión era muy débil, comparable a la que en la Tierra puede encontrarse a 50 kilómetros de altitud. Los brazos recogieron también una muestra de suelo y lo analizaron en busca de trazas de vida. El resultado no mostró ningún indicio de organismos biológicos; en compensación se desveló el enigma del color rojizo: se trataba de óxido de hierro: Marte es un planeta oxidado.

Las *Viking,* tanto orbitando como en la superficie, tomaron decenas de miles de fotos y recogieron un enorme volumen de informaciones. La misión se concluyó hacia mediados de los años ochenta, cuando las sondas, después de casi diez años, dejaron de funcionar.

Las sondas *Viking* eran extraordinariamente sofisticadas y caras. Construidas sobre el modelo de la *Mariner 9,* se habían ensanchado para dejar sitio al módulo de aterrizaje. De hecho, las dos *Viking* liberaron sobre Marte una sonda-hija que se posó suavemente sobre la superficie.

El planeta rojo fotografiado a miles de kilómetros por la sonda *Viking 1* en proceso de acercamiento. Las fotos, extraordinariamente detalladas, confirmaron que en la superficie de Marte, un planeta desolado, las condiciones son hostiles a la vida.

El *Viking Lander* (dibujo central) llevaba a bordo numerosos instrumentos científicos. Junto a la antena parabólica para los contactos con la Tierra, se encontraban el largo brazo para la recogida de muestras, un sismógrafo para registrar posibles terremotos, una estación meteorológica, un analizador de compuestos biológicos y, obviamente, las cámaras de televisión.

Los brazos mecánicos del *Lander* de la *Viking 2,* mientras recoge una muestra de suelo marciano. Los análisis químicos para descubrir si en Marte existía una forma primitiva de vida no dieron resultados definitivos. De todas formas, no había ningún organismo en las muestras recogidas.

Mosaico de fotos
tomadas por las sondas
Viking 1 y 2 en Marte.
Es evidente una
compleja geomorfología
en este sistema de valles
que han sufrido
una acción erosiva.

El volcán más alto
del Sistema Solar, el ya
apagado Monte Olimpo
(Olympus Mons), de una
altura de 27 kilómetros,
fotografiado por el módulo
orbital de la sonda *Viking.*

Marte
vol. 5 - pág. 38

LA LANZADERA ESPACIAL

La idea de la Lanzadera Espacial *(Space Shuttle),* el transbordador estadounidense, nació en 1972, cuando ya el programa *Apollo* llegaba a su fin. El proyecto, muy ambicioso, consistía en construir una estación espacial y una flota de transbordadores reutilizables para transportar seres humanos, provisiones e instrumentos arriba y abajo de la órbita terrestre. En realidad, las dificultades se revelaron mayores de lo previsto y los tiempos inevitablemente se alargaron. La Lanzadera *Columbia* se desprendió de la rampa para su vuelo inaugural el 12 de abril de 1981, en el vigésimo aniversario de la gesta de Gagarin, después de casi diez años de diseño, de vuelos experimentales y de comprobaciones de todo tipo.

Pero ¿cómo está hecho este transbordador espacial? ¿Es verdaderamente reutilizable varias veces cada una de sus partes, al contrario de las cápsulas *Apollo,* típico ejemplo de usar y tirar?

Los viajes espaciales
pág. 10

El ser humano
en el espacio
pág. 18

La Lanzadera Espacial comprende tres partes principales. La nave propiamente dicha u orbitador, donde se alojan los astronautas, que parece un avión más robusto y de alas cortas; los cohetes auxiliares de combustible sólido, es decir, los dos grandes y largos cilindros que a la partida se encuentran a los lados de la Lanzadera; y finalmente el gran depósito externo, enorme contenedor de hidrógeno y oxígeno líquidos para alimentar los tres motores de la nave. Mientras que el orbitador y los dos propulsores se recuperan, el depósito se desprende a gran altitud y, al caer a la atmósfera, se desintegra por el calor. La altura de este complejo conjunto de cohetes es de 56 metros (la mitad del *Saturn V*) y la envergadura alar de la nave de 24 metros. La cabina para los astronautas puede contener hasta a 8 personas (10 en caso de emergencia) y está dispuesta en dos niveles. En la planta superior se encuentran el puente de vuelo y las consolas para manipular el brazo mecánico; en la planta baja, los alojamientos de los astronautas: aquí se come, se duerme, y hay también espacio para pequeños experimentos. La bodega, de 18,3 metros de longitud por 4,6 de anchura está situada en el centro de la nave. Es aquí donde se instalan las cargas que deben ponerse en órbita. El peso máximo transportable (carga útil) es de casi 30 toneladas.

La Lanzadera Espacial es un extraordinario vehículo espacial que despega como un cohete, vuela por el espacio como una astronave y vuelve a la Tierra aterrizando como un avión. Una de sus características más interesantes es la gran bodega donde pueden alojarse satélites, aparatos para experimentos o incluso laboratorios enteros.

En el dibujo, la secuencia de las maniobras orbitales efectuadas por la Lanzadera para reingresar a la Tierra. Se pasa de la posición orbital a la de reentrada, que se requiere para resistir el impacto con la atmósfera; finalmente, se dispone para aterrizar en la larga pista del Centro Espacial Kennedy.

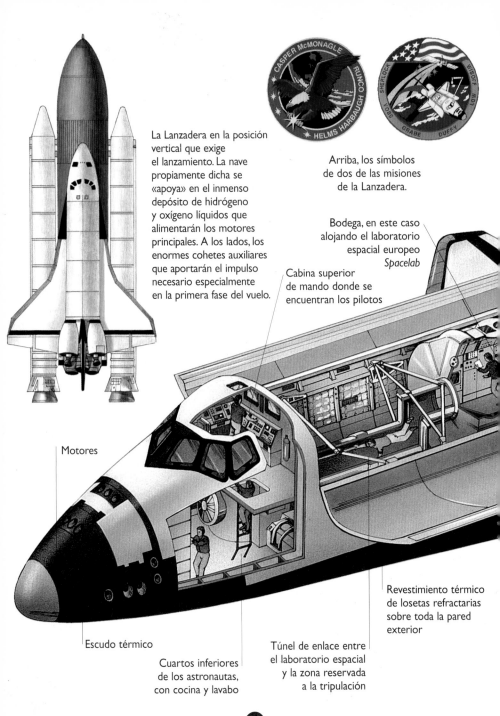

La Lanzadera en la posición vertical que exige el lanzamiento. La nave propiamente dicha se «apoya» en el inmenso depósito de hidrógeno y oxígeno líquidos que alimentarán los motores principales. A los lados, los enormes cohetes auxiliares que aportarán el impulso necesario especialmente en la primera fase del vuelo.

Arriba, los símbolos de dos de las misiones de la Lanzadera.

Bodega, en este caso alojando el laboratorio espacial europeo *Spacelab*

Cabina superior de mando donde se encuentran los pilotos

Motores

Revestimiento térmico de losetas refractarias sobre toda la pared exterior

Escudo térmico

Cuartos inferiores de los astronautas, con cocina y lavabo

Túnel de enlace entre el laboratorio espacial y la zona reservada a la tripulación

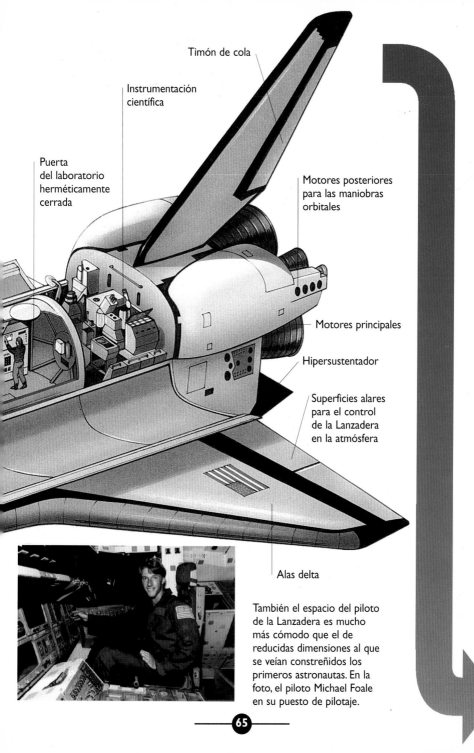

Timón de cola

Instrumentación
científica

Puerta
del laboratorio
herméticamente
cerrada

Motores posteriores
para las maniobras
orbitales

Motores principales

Hipersustentador

Superficies alares
para el control
de la Lanzadera
en la atmósfera

Alas delta

También el espacio del piloto
de la Lanzadera es mucho
más cómodo que el de
reducidas dimensiones al que
se veían constreñidos los
primeros astronautas. En la
foto, el piloto Michael Foale
en su puesto de pilotaje.

LAS MISIONES DE LA LANZADERA ESPACIAL

Al contrario de los grandes cohetes como el *Saturn*, que parecen elevarse contra su voluntad y muy lentamente, la Lanzadera se encuentra ya en vuelo a apenas tres segundos del encendido de los motores y del cero de la cuenta atrás. El impulso en el despegue es enorme: 2,7 millones de kilos la de los cohetes auxiliares; 1,1 millones de kilos la de los motores principales.

A pesar de esta salida, verdaderamente «como un cohete», las aceleraciones sufridas por los astronautas son menores de las que se soportaban en cohetes como el *Saturn* o el *Atlas*. En dos momentos –cuando los cohetes auxiliares se separan y después cuando se abandona el enorme depósito– los pasajeros de la nave se ven sometidos a 3 veces la aceleración de la gravedad, una aceleración que se puede experimentar también en las montañas rusas de los parques de atracciones.

La nave puede permanecer en el espacio durante 14 días. Cuando su misión acaba, se encienden los motores de frenado y reingreso en la atmósfera. En este vertiginoso descenso de más de 300 kilómetros hacia la superficie terrestre, la Lanzadera, una vez alcanzadas las capas de aire más denso, comienza a funcionar como un gran planeador. Los pilotos pueden conducirlo hacia la pista de aterrizaje donde se posará suavemente, casi como un avión normal.

La flota de naves espaciales está formada por cuatro Lanzaderas: *Columbia, Atlantis* («Atlántida»), *Discovery* («Descubrimiento») y *Endeavour* («Empeño, Esfuerzo»), que en 1992 ha sustituido a la *Challenger* («Desafiadora»), destruida en el trágico accidente de enero de 1986.

En estos vuelos, unos 10 al año, la Lanzadera ha llevado a cabo las misiones más diversas. Ha lanzado satélites comerciales, militares, astronómicos y para el estudio de la Tierra. Ha puesto en órbita el famoso telescopio espacial *Hubble* y a los astronautas que en dos ocasiones han llevado a cabo su mantenimiento.

El astronauta Jeffrey Hoffman, sujeto al largo brazo manipulador de la Lanzadera durante la misión para ajustar la «vista» del telescopio espacial *Hubble*, en diciembre de 1993. La NASA ha planificado varias misiones para mantener en servicio, durante el mayor período de tiempo posible, este extraordinario instrumento. Otra misión de mantenimiento tuvo lugar en febrero de 1996.

En la Lanzadera *Challenger*, en 1983, voló la primera astronauta estadounidense, y en 1995, la 67ª misión (ISS-63) fue la primera pilotada por una mujer, la coronel Eileen Marie Collins. De la bodega de este extraordinario transbordador han partido sondas interplanetarias como la *Magellan* hacia Venus o la *Galileo* hacia Júpiter. Pero el trabajo más difícil será el de la construcción de la ISS que será transportada, pieza a pieza, desde la Tierra y enteramente montada en el espacio.

La Lanzadera justo antes del encendido de los motores.

Abajo, una espectacular imagen de la Lanzadera en el momento del despegue cuando está a punto de abandonar la rampa de lanzamiento. Un empuje de casi 4 millones de kilos, proporcionado por el motor principal y los cohetes auxiliares, hace que se eleve hacia el cielo este prodigio de la tecnología moderna.

La explosión de
la Lanzadera
Challenger el 26
de enero de 1986,
a poco más de un
minuto del despegue.
La tripulación entera,
formada por siete
miembros, dos de
ellos mujeres, perdió
la vida en el terrible
accidente. Ha sido
el desastre astronáutico
más grave hasta el día
de hoy.

El depósito externo
de la Lanzadera se acaba
de desprender, a una
altitud de 109 kilómetros
de la superficie, y está
a punto de volver a caer.
La Lanzadera, aligerada
de peso, proseguirá
su misión entrando
en órbita alrededor
de la Tierra.

**Los satélites artificiales
pág. 88**

LAS SONDAS *VENERA*

Venus, uno de los astros más luminosos del cielo nocturno, es un planeta difícil de observar con el telescopio, porque está cubierto de un impenetrable manto de nubes que esconde su superficie. Tiene una masa parecida a la de la Tierra y es el planeta más cercano al nuestro. Estas características han hecho de él, desde los albores de la era espacial, un objetivo especialmente interesante para el envío de sondas automáticas. Desde 1960 dieciocho sondas soviéticas y tres norteamericanas han investigado a fondo este lejano mundo, descubriendo su verdadera naturaleza. Durante muchos años los soviéticos mantuvieron una especie de monopolio de la exploración venusina. Comenzaron su larga serie de lanzamientos con la primera sonda, *Venera 1* (el nombre ruso de Venus), ya en 1961 (el año de la gesta de Gagarin). Pero las primeras dos sondas se perdieron en el espacio. En cambio, *Venera 3* y *4* consiguieron transmitir, por primera vez, datos sobre la composición de la atmósfera venusina. Se descubrió así que el denso manto de

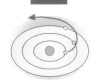

Los viajes espaciales pág. 10

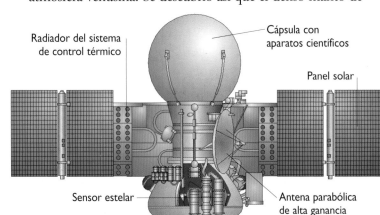

Radiador del sistema de control térmico

Cápsula con aparatos científicos

Panel solar

Sensor estelar

Antena parabólica de alta ganancia

La sondas de la serie *Venera* fueron construidas con especiales criterios para conseguir que sobrevivieran, por lo menos durante unos pocos minutos, en las infernales condiciones venusinas. Presiones de 90 atmósferas y temperaturas del orden de los 400 °C representaban un verdadero desafío para los ingenieros astronáuticos soviéticos.

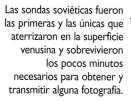

Las sondas soviéticas fueron las primeras y las únicas que aterrizaron en la superficie venusina y sobrevivieron los pocos minutos necesarios para obtener y transmitir alguna fotografía.

gas estaba formado por un 98 % de anhídrido carbónico. En 1970 los soviéticos volvieron a intentarlo con *Venera 7* y consiguieron establecer un nuevo récord. La sonda penetró en la atmósfera de Venus, aterrizó suavemente, y siguió transmitiendo datos desde la superficie durante 23 minutos. Era la primera vez que un ingenio construido por el ser humano se posaba en otro planeta. Los lanzamientos continuaron a lo largo de los años setenta, y cualquier ilusión de que en Venus las condiciones fuesen favorables al desarrollo de la vida se perdió para siempre. En 1975 *Venera 9* y *10* se posaron nuevamente en el suelo de Venus, enviando las primeras fotografías en blanco y negro: un desolado páramo rocoso era todo lo que se podía ver. Se iba haciendo evidente que Venus era un auténtico infierno.

En la superficie la temperatura alcanza los 470 °C, y la presión ejercida por la densa masa gaseosa es de 90 atmósferas (en la Tierra hace falta sumergirse a casi mil metros bajo el agua para encontrar algo parecido). También las sondas *Venera 11* a *14* descendieron al infernal planeta. Entre sus cometidos se incluía el barrenado de rocas para averiguar su composición.

Las últimas dos sondas de la serie, *Venera 15* y *16,* dibujaron un primer mapa de Venus gracias a un radar altímetro que lanzando señales y captando su eco, permitió la reconstrucción por ordenador de imágenes detalladas a pesar de las impenetrables nubes.

Venus
vol. 5 - pág. 28

LA SONDA *GIOTTO*

Los viajes espaciales
pág. 10

Durante siglos los cometas fueron temidos como anuncios de desgracias, de catástrofes y, en cualquier caso, de hechos extraordinarios. La enigmática aparición y la también misteriosa desaparición de su resplandeciente cola descomponía la visión inmutable que de los cielos tenían los antiguos. ¿De dónde venían?, ¿adónde iban? El más famoso es el cometa Halley, que vuelve cada 76 años. Entre 1985 y los primeros meses del 86 Halley debía pasar de nuevo junto al Sol y los científicos de todo el mundo no desperdiciaron una ocasión tan preciosa. Hasta cinco sondas interplanetarias, las dos *VeGa* soviéticas (de las primeras sílabas de *Ve*nera, «Venus», y *Ga*lley, «Halley»), las japonesas *Sagikake* («Pionera») y *Suisei* («Cometa»), y finalmente la europea *Giotto* salieron al encuentro del resplandeciente cuerpo celeste.

Las dos *VeGa* se acercaron a unos 8 000 kilómetros del núcleo del cometa, pero fue la europea *Giotto* la que lo fotografió, en un extraordinario primer plano. Gracias a la gesta de la *Giotto*, la primera sonda interplanetaria de la ESA *(European Space Agency)*, se descubrieron los secretos de estos misteriosos astros. El encuentro de la *Giotto* con el cometa ocurrió el 13 de marzo de 1986. La ruta de la sonda europea estaba dirigida al núcleo del Halley, del que surge toda esa materia, partículas de polvo y gases que, iluminados por el Sol, producen el sorprendente espectáculo. Mientras las sondas soviéticas y japonesas se mantuvieron alejadas del núcleo, por temor a que el polvo pudiera dañar

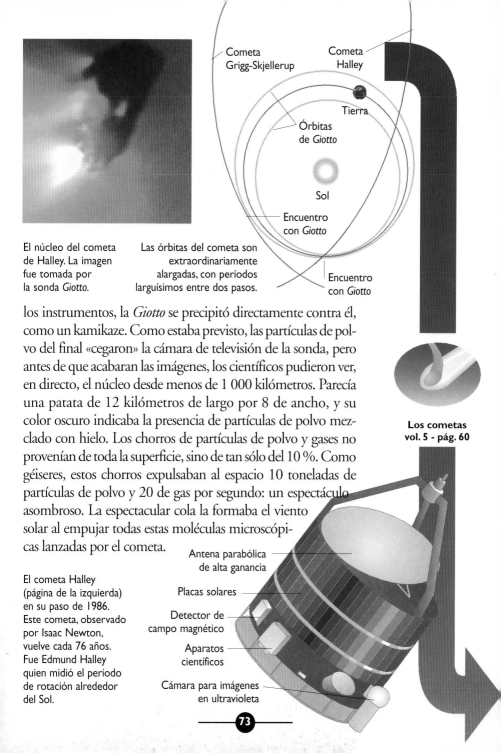

Cometa
Grigg-Skjellerup

Cometa
Halley

Tierra

Órbitas
de *Giotto*

Sol

Encuentro
con *Giotto*

Encuentro
con *Giotto*

El núcleo del cometa de Halley. La imagen fue tomada por la sonda *Giotto*.

Las órbitas del cometa son extraordinariamente alargadas, con períodos larguísimos entre dos pasos.

los instrumentos, la *Giotto* se precipitó directamente contra él, como un kamikaze. Como estaba previsto, las partículas de polvo del final «cegaron» la cámara de televisión de la sonda, pero antes de que acabaran las imágenes, los científicos pudieron ver, en directo, el núcleo desde menos de 1 000 kilómetros. Parecía una patata de 12 kilómetros de largo por 8 de ancho, y su color oscuro indicaba la presencia de partículas de polvo mezclado con hielo. Los chorros de partículas de polvo y gases no provenían de toda la superficie, sino de tan sólo del 10 %. Como géiseres, estos chorros expulsaban al espacio 10 toneladas de partículas de polvo y 20 de gas por segundo: un espectáculo asombroso. La espectacular cola la formaba el viento solar al empujar todas estas moléculas microscópicas lanzadas por el cometa.

**Los cometas
vol. 5 - pág. 60**

Antena parabólica
de alta ganancia

Placas solares

Detector de
campo magnético

Aparatos
científicos

Cámara para imágenes
en ultravioleta

El cometa Halley (página de la izquierda) en su paso de 1986. Este cometa, observado por Isaac Newton, vuelve cada 76 años. Fue Edmund Halley quien midió el período de rotación alrededor del Sol.

LA ESTACIÓN *MIR*

Los viajes espaciales
pág. 10

Después de las estaciones *Salyut,* los soviéticos construyeron una nueva estación orbital, que fue lanzada el 20 de febrero de 1986 con un cohete *Proton.* La estación orbital, llamada *Mir* tiene las mismas dimensiones que la *Salyut,* pero está mejor organizada y puede por tanto alojar hasta a seis cosmonautas. El compartimento de trabajo está separado de los alojamientos para dormir, comer o hacer gimnasia. Es en la *Mir* donde el cosmonauta Víktor Poliakov estableció el récord de permanencia en el espacio: 437 días. La estación cuenta con cuatro compartimentos. En el primero atracan tanto las *Soyuz* como las naves de carga *Progress* (que transportan los suministros y los módulos para experimentos científicos), con cinco puntos de acoplamiento. Lo sigue el de experimentos, donde se encuentran alojados varios aparatos y el tablero de mandos. Desde aquí se pueden manejar los motores cohete para mover de sitio la enorme estación. De hecho la *Mir* vuela en una órbita más bien baja, entre los 300 y los 400 kilómetros, y sin pequeñas correcciones que la vuelvan a elevar ya se habría precipitado en la atmósfera terrestre. En la zona de los cosmonautas se encuentran dos pequeñas cabinas: los dormitorios. Aquí se encuentra también el aseo, la lavandería, y la «cocina» para calentar los alimentos. La *Mir* está dotada de un sistema para reciclar el agua. Finalmente, en el último compartimento se encuentran los depósitos, el sistema de calefacción, las reservas de agua y los dos motores cohete utilizados para devolver la estación a una órbita más alta. El programa *Mir*, agobiado también por los actuales problemas económicos que sufre Rusia, será pronto cancelado antes de que se construya la nueva ISS.

El ser humano
en el espacio
pág. 18

El calendario exacto para el desmantelamiento de la estación no se conoce todavía. Cuando finalmente se cierre habrá dejado un legado inapreciable para toda la humanidad.

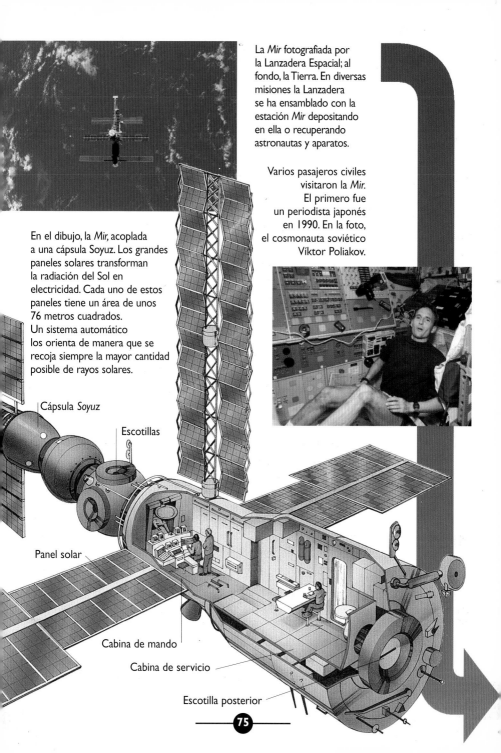

La *Mir* fotografiada por la Lanzadera Espacial; al fondo, la Tierra. En diversas misiones la Lanzadera se ha ensamblado con la estación *Mir* depositando en ella o recuperando astronautas y aparatos.

Varios pasajeros civiles visitaron la *Mir*. El primero fue un periodista japonés en 1990. En la foto, el cosmonauta soviético Víktor Poliakov.

En el dibujo, la *Mir*, acoplada a una cápsula Soyuz. Los grandes paneles solares transforman la radiación del Sol en electricidad. Cada uno de estos paneles tiene un área de unos 76 metros cuadrados. Un sistema automático los orienta de manera que se recoja siempre la mayor cantidad posible de rayos solares.

Cápsula *Soyuz*

Escotillas

Panel solar

Cabina de mando

Cabina de servicio

Escotilla posterior

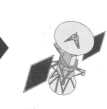

LA SONDA *MAGELLAN*

Venus está envuelto por un denso manto de nubes que no se abren nunca para descubrir la superficie, que queda siempre oculta. Por esta razón, el único modo para levantar un mapa de su superficie es utilizar un radar especial. Con este instrumento es posible hacerse una idea muy precisa de la conformación del suelo. El eco de las señales enviadas por el radar emplea más o menos tiempo en regresar, según encuentre una montaña o una depresión, es decir, dependiendo de la distancia que debe recorrer antes de rebotar hacia la sonda. Uniendo todas estas informaciones se consigue reconstruir un mapa de la escondida superficie. Los primeros mapas obtenidos por los radares de las sondas *Venera* no mostraban muchos detalles. Los estadounidenses decidieron enviar una nueva sonda con un radar estudiado expresamente para esta misión. Nació así la idea de la *Venus Radar Mapper* («Vehículo Radiocartográfico de Venus»), rebautizada más tarde como *Magellan* («Magallanes»). Aparte del radar, la sonda se construyó utilizando las piezas de recambio de otras sondas como las *Voyager* («Viajeras»), la *Galileo* y la *Ulysses* («Ulises», el héroe griego).

En 1989 la *Magellan* fue lanzada por el transbordador *Atlantis*. Después de quince meses de vuelo entró en órbita alrededor de Venus y se puso en seguida a trabajar. Ya las primeras imágenes

Los viajes espaciales pág. 10

Venus sin nubes, según las imágenes tomadas por la *Magellan*. El radar especial de apertura sintética conseguía atravesar las nubes y proporcionar datos sobre la configuración de la superficie venusina. Estos datos, procesados por ordenador, permitieron obtener imágenes extraordinarias e incluso espectaculares animaciones.

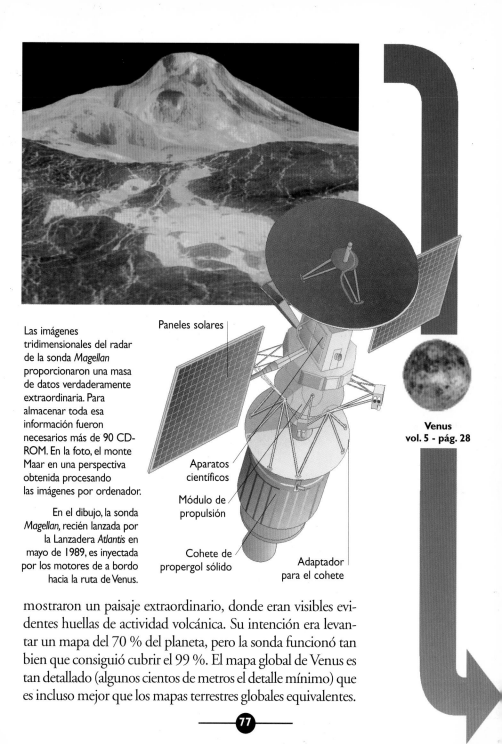

Las imágenes tridimensionales del radar de la sonda *Magellan* proporcionaron una masa de datos verdaderamente extraordinaria. Para almacenar toda esa información fueron necesarios más de 90 CD-ROM. En la foto, el monte Maar en una perspectiva obtenida procesando las imágenes por ordenador.

En el dibujo, la sonda *Magellan,* recién lanzada por la Lanzadera *Atlantis* en mayo de 1989, es inyectada por los motores de a bordo hacia la ruta de Venus.

Paneles solares

Aparatos científicos

Módulo de propulsión

Cohete de propergol sólido

Adaptador para el cohete

**Venus
vol. 5 - pág. 28**

mostraron un paisaje extraordinario, donde eran visibles evidentes huellas de actividad volcánica. Su intención era levantar un mapa del 70 % del planeta, pero la sonda funcionó tan bien que consiguió cubrir el 99 %. El mapa global de Venus es tan detallado (algunos cientos de metros el detalle mínimo) que es incluso mejor que los mapas terrestres globales equivalentes.

LA SONDA *GALILEO*

La aventura de la *Galileo* comenzó en octubre de 1989 con su lanzamiento desde la bodega del transbordador espacial. La primera parte de la misión preveía el envío de una pequeña sonda que se introduciría en la turbulenta atmósfera de Júpiter. Las maniobras se desarrollaron a la perfección y el 7 de diciembre de 1995, por vez primera, la atmósfera del enorme planeta era explorada por un robot automático.

La pequeña sonda que había entrado en las capas gaseosas a más de 150 000 km/h sufrió una violenta desaceleración, pero gracias al escudo térmico salió indemne del brusco frenazo. Después de algunos minutos abrió los paracaídas y durante 57 minutos consiguió mantener el contacto con la sonda madre descendiendo unos 200 kilómetros a través de las coloreadas nubes de Júpiter. ¿Qué descubrió? Lo primero, una confirmación: Júpiter, igual que las estrellas, está compuesto de hidrógeno y helio. Y después, una gran sorpresa: los vientos de Júpiter son mucho más violentos e impetuosos de lo que se pensaba. Soplan a 650 km/h y comprometen también a las capas más profundas del planeta.

La misión *Galileo* transmitió a los científicos una avalancha de informaciones no sólo sobre el planeta sino también sobre sus

Los viajes espaciales pág. 10

La Gran Mancha Roja, una de las características más vistosas de la atmósfera de Júpiter. La sonda *Galileo* lanzó una sonda hija hacia las capas más externas del gran planeta gaseoso. Esta sonda descendió varios cientos de kilómetros, transmitiendo informaciones, antes de desintegrarse a causa de la gigantesca presión.

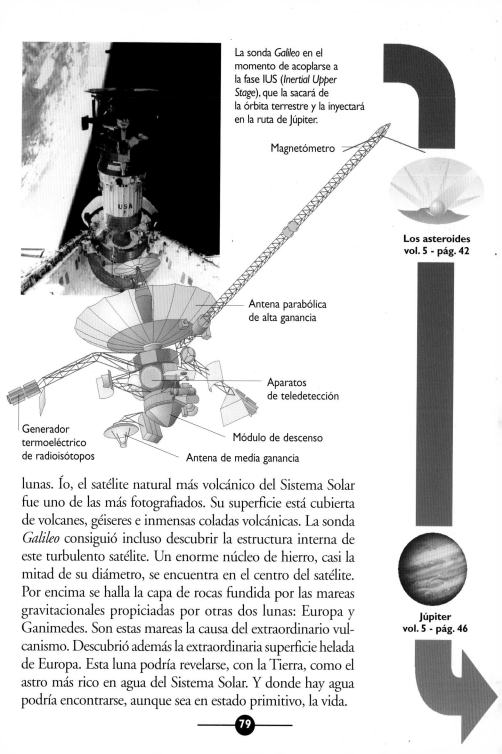

La sonda *Galileo* en el momento de acoplarse a la fase IUS (*Inertial Upper Stage*), que la sacará de la órbita terrestre y la inyectará en la ruta de Júpiter.

Magnetómetro

Antena parabólica de alta ganancia

Aparatos de teledetección

Generador termoeléctrico de radioisótopos

Módulo de descenso

Antena de media ganancia

Los asteroides
vol. 5 - pág. 42

Júpiter
vol. 5 - pág. 46

lunas. Ío, el satélite natural más volcánico del Sistema Solar fue uno de las más fotografiados. Su superficie está cubierta de volcanes, géiseres e inmensas coladas volcánicas. La sonda *Galileo* consiguió incluso descubrir la estructura interna de este turbulento satélite. Un enorme núcleo de hierro, casi la mitad de su diámetro, se encuentra en el centro del satélite. Por encima se halla la capa de rocas fundida por las mareas gravitacionales propiciadas por otras dos lunas: Europa y Ganimedes. Son estas mareas la causa del extraordinario vulcanismo. Descubrió además la extraordinaria superficie helada de Europa. Esta luna podría revelarse, con la Tierra, como el astro más rico en agua del Sistema Solar. Y donde hay agua podría encontrarse, aunque sea en estado primitivo, la vida.

EL TELESCOPIO ESPACIAL *HUBBLE*

El telescopio
vol. 4 - pág. 38

La Lanzadera Espacial
pág. 62

El lanzamiento del enorme telescopio espacial *Hubble* representó una de las más importantes revoluciones de los últimos cincuenta años en el campo de la observación astronómica. Al encontrarse por encima del contaminado manto de la atmósfera terrestre, el telescopio espacial no se ve afectado por las turbulencias atmosféricas, y su potencia luminosa resulta mucho mayor que análogos instrumentos terrestres. Es, en resumen, una nueva ventana al Universo. El *Hubble* tiene la forma de un grueso cilindro de 4,27 metros de ancho por 13,1 de largo. El espejo principal tiene un diámetro de 2,4 metros y su peso es de 11 toneladas. Fue puesto en órbita, a 600 kilómetros de altitud, por la nave *Discovery* en 1990.

Pero en cuanto empezaron las primeras comprobaciones, los científicos se dieron cuenta de que las imágenes no eran tan nítidas como se esperaba. Después de varias investigaciones se descubrió que la curvatura del espejo no era perfecta. El defecto era imperceptible, una deformación menor que el espesor de un cabello, que sin embargo se manifestó suficiente para dejar «miope» al telescopio. Después de más de tres años del lanzamiento, con la misión de la *Endeavour,* los astronautas recuperaron el telescopio espacial y le pusieron lentes correctivas, un «par de gafas» que le han dejado finalmente perfecta la vista. Los astronautas volvieron a visitar el *Hubble* también una segunda vez, en febrero de 1996, para sustituir dos instrumentos con aparatos aún más sofisticados. Desde que se le corrigió la lente, el telescopio ha ensartado un descubrimiento tras otro. Ha fotografiado de todo: nubes de polvo incubadoras de estrellas, agujeros negros, estrellas gigantes, estrellas que explotan, nebulosas planetarias, galaxias y cuásares a 12 000 millones de años luz, discos protoplanetarios y una infinidad de otros aspectos de la cúpula celeste.

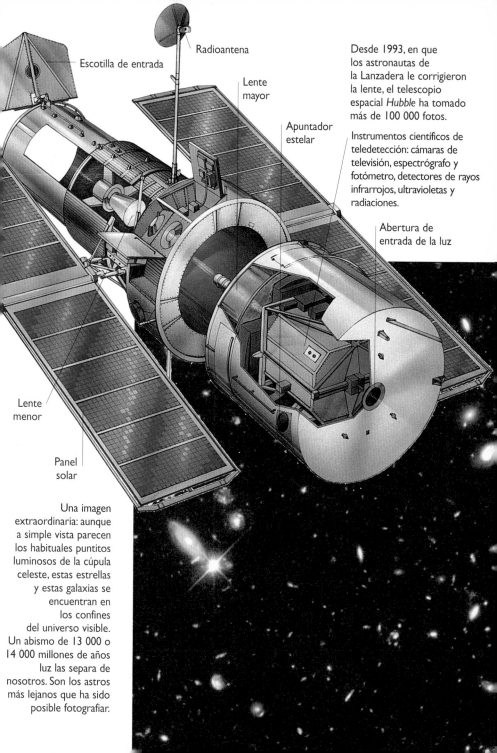

Radioantena

Escotilla de entrada

Lente mayor

Apuntador estelar

Desde 1993, en que los astronautas de la Lanzadera le corrigieron la lente, el telescopio espacial *Hubble* ha tomado más de 100 000 fotos.

Instrumentos científicos de teledetección: cámaras de televisión, espectrógrafo y fotómetro, detectores de rayos infrarrojos, ultravioletas y radiaciones.

Abertura de entrada de la luz

Lente menor

Panel solar

Una imagen extraordinaria: aunque a simple vista parecen los habituales puntitos luminosos de la cúpula celeste, estas estrellas y estas galaxias se encuentran en los confines del universo visible. Un abismo de 13 000 o 14 000 millones de años luz las separa de nosotros. Son los astros más lejanos que ha sido posible fotografiar.

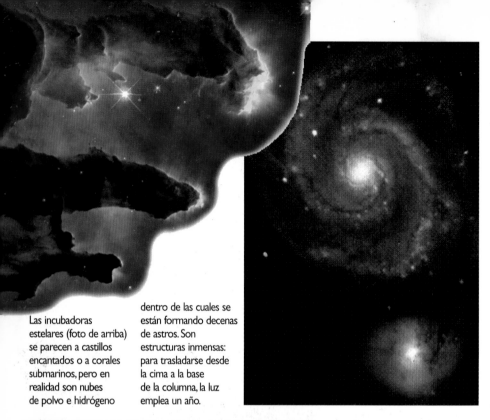

Las incubadoras estelares (foto de arriba) se parecen a castillos encantados o a corales submarinos, pero en realidad son nubes de polvo e hidrógeno dentro de las cuales se están formando decenas de astros. Son estructuras inmensas: para trasladarse desde la cima a la base de la columna, la luz emplea un año.

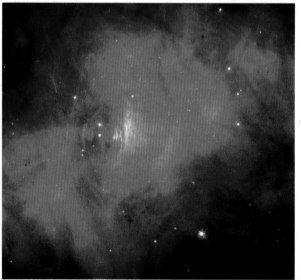

Una galaxia espiral parecida a la Vía Láctea. Son características de estas galaxias las estructuras alargadas, luminosas, llamadas brazos, que se ramifican a partir del núcleo central, muy brillante. Las galaxias espirales constituyen el 60 % de todas las galaxias.

Los restos de una catástrofe cósmica: lo que queda de una estrella mucho más masiva que de gigante roja ha explotado formando una supernova. Se trata de la nebulosa del Cangrejo, los restos de la supernova cuya explosión, el 4 de julio de 1054, fue observada por astrónomos chinos. Escondida por los gases se encuentra una estrella de neutrones, los restos del núcleo central de la estrella desaparecida.

Desde el nacimiento de las estrellas a su violento final. En la foto de la derecha puede verse la nebulosa de la Clepsidra. Los anillos están formados por los gases expulsados por una gigante roja que se ha transformado en una enana blanca visible en el centro.

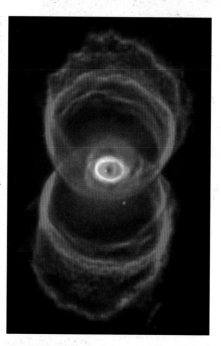

En la imagen de abajo, tomada por el telescopio espacial, se aprecia la nebulosa planetaria NGC 6543, llamada también el Ojo del Gato, formada probablemente hace mil años. La foto muestra las intrincadas estructuras de las nubes de gas. La enana blanca del centro podría estar formada en realidad por un sistema binario.

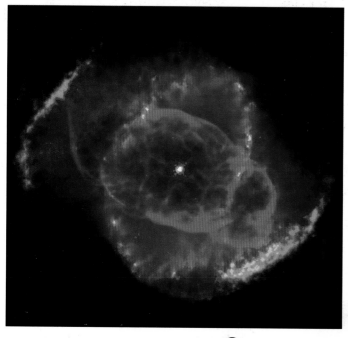

El cosmos
vol. 5

LAS SONDAS *VOYAGER*

Si queremos hacer un parangón con las misiones tripuladas, el *Voyager* es el proyecto *Apollo* de las sondas automáticas. Las dos sondas (de 826 kilos cada una) partieron con quince días de diferencia en el verano de 1977. Una rara coincidencia astronómica, la alineación de los planetas, permitía a las dos *Voyager* («Viajeras», «Exploradoras») aprovechar la fuerza de gravedad de los mundos ya visitados para llegar al siguiente.

Las imágenes que las dos sondas empezaron a enviar desde Júpiter en 1979 eran sencillamente extraordinarias. Se descubrió que también Júpiter tiene un anillo. La Mancha Roja, el gran remolino de la atmósfera de Júpiter, fue captado mientras rotaba. También las lunas de Júpiter se revelaron sorprendentes. Ío posee una superficie volcánica continuamente remodelada por violentas erupciones. Las *Voyager* fotografiaron incluso un volcán en erupción. Era la primera vez que un fenómeno de este tipo era observado fuera de la Tierra. En cambio, Europa, otra luna, mostró una enigmática superficie lisa como una bola de

Los viajes espaciales
pág. 10

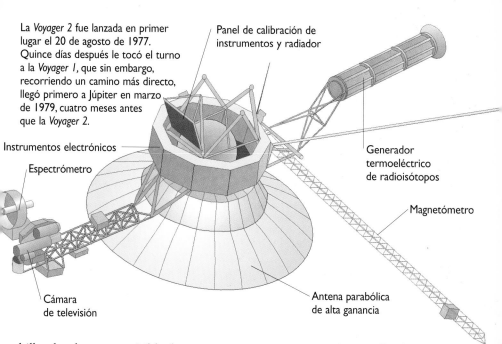

La *Voyager 2* fue lanzada en primer lugar el 20 de agosto de 1977. Quince días después le tocó el turno a la *Voyager 1*, que sin embargo, recorriendo un camino más directo, llegó primero a Júpiter en marzo de 1979, cuatro meses antes que la *Voyager 2*.

Panel de calibración de instrumentos y radiador

Instrumentos electrónicos

Espectrómetro

Generador termoeléctrico de radioisótopos

Magnetómetro

Cámara de televisión

Antena parabólica de alta ganancia

billar donde no eran visibles los cráteres presentes en casi todos los cuerpos del Sistema Solar.

En Saturno, al que llegaron en noviembre de 1980, las *Voyager* hicieron un descubrimiento tras otro. La grandiosa arquitectura de los anillos de Saturno fue observada por primera vez en conjunto. Los anillos principales están constituidos por miles de anillos más pequeños, y se parecen a un viejo disco de vinilo, lleno de micro-surcos. Se localizaron nuevos satélites, y para estudiar más a fondo el más grande, Titán, incluso se desvió la ruta de la *Voyager 1*.

La *Voyager 2* continuó en cambio hacia Urano, a donde llegó en enero de 1986, mostrándonos su debilísimo sistema de anillos y sus cinco lunas principales, entre ellas la extraña Miranda.

En agosto de 1989, la *Voyager 2* llegó a Neptuno, donde des-cubrió 6 nuevas lunas, confirmando además que también este remoto planeta tiene un sistema de anillos. Habían pasado 12 años desde su partida de la Tierra en agosto de 1977: la *Voyager* había hecho más de 5 000 millones de kilómetros. Aún hoy esta sonda, ya en los confines del Sistema Solar, sigue transmitien-do su debilísima señal.

El ambicioso «plan de vuelo» de las *Voyager* obligó a los ingenieros a construir sondas mucho más sofisticadas que las precedentes *Pioneer* o *Mariner*. Dadas las enormes distancias que debían recorrer, incluso una pequeña desviación en la ruta habría apartado a las sondas de su objetivo. Pero a causa del retraso con el que las señales transmitidas llegaban a la Tierra, muchas de estas correcciones debían efectuarse automáticamente, antes aún de que los controladores en la Tierra pudiesen apreciarlas.

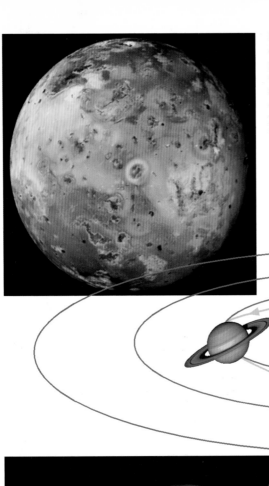

La extraña superficie de Ío, que parece una pizza napolitana. Dominan en ella los colores rojo, amarillo y naranja de las erupciones volcánicas y de las desmedidas coladas de lava.

En el esquema, el «Grand Tour», el enorme recorrido de la sonda *Voyager* 2 que en 12 años de vuelo espacial visitó los 4 grandes planetas gaseosos exteriores: Júpiter, Saturno, Urano y Neptuno.

Una de las primeras fotos de Saturno enviada por las *Voyager*. El paso tan cercano de estas sondas ha permitido por lo menos en parte descubrir el secreto de los anillos. Son miles y están compuestos de fragmentos de hielo.

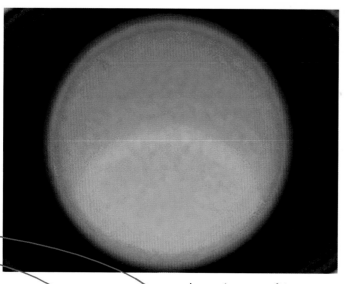

La monótona superficie de Urano tomada por la *Voyager* 2. La atmósfera rica de metano confiere un colorido verdoso al planeta, pero al contrario que sus compañeros (como Neptuno o Saturno) no fue posible advertir ninguna perturbación en la atmósfera de Urano.

Júpiter
vol. 5 - pág. 46

Saturno
vol. 5 - pág. 50

Neptuno, fotografiado en agosto de 1989 a unos 10 000 millones de kilómetros por la *Voyager* 2 mientras se acercaba a él. Se nota la Gran Mancha Negra, un torbellino enorme que, según observaciones realizadas con el telescopio espacial ya en 1998 había desaparecido.

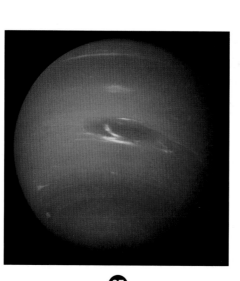

Neptuno
vol. 5 - pág. 56

LOS SATÉLITES ARTIFICIALES

Cientos de satélites artificiales giran alrededor de la Tierra. La mayor parte ya están apagados y en espera de caer a la atmósfera. Pero los que funcionan desarrollan tareas importantísimas. Hoy, sin satélites, las sociedades modernas no podrían funcionar. Los más numerosos son los de comunicaciones. Estos satélites representan (junto a los cables coaxiales y las fibras ópticas) el ramificado sistema nervioso planetario por el que viajan los mensajes y las informaciones que permiten la comunicación, en tiempo real, de millones de personas. Es ya imposible imaginar la Tierra sin esta red capilar que une a cada habitante, por lo menos en teoría, con los demás 5 000 millones. Otros satélites muy importantes son los utilizados para las predicciones meteorológicas. Existe una red formada por los GEOS (*Geodesic Earth Orbiting Satellites,* «Satélites geodésicos en órbita alrededor de la Tierra») estadounidenses; los *Meteosat* europeos y los GMS (*Geostationary Meteorological*

Los viajes espaciales
pág. 10

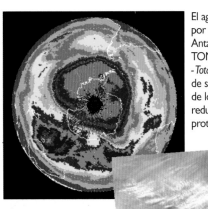

El agujero de ozono en una simulación por ordenador a partir de una foto de la Antártida realizada por el satélite ADEOS TOMS (*Advanced Earth Observation Satellit - Total Ozone Mapping Spectrometer*) el 12 de septiembre de 1996. Las detecciones de los satélites permiten comprobar la reducción de la capa de ozono, que protege la Tierra de los rayos ultravioleta

Incendios en Indonesia fotografiados por la Lanzadera Espacial. La imagen es una suma de fotos distintas para detectar los efectos negativos de *El Niño.*

Satellites, «Satélites meteorológicos geoestacionarios») japoneses, que vigilan todo el planeta 24 horas al día. Otros satélites, como los estadounidenses *Landsat* (de *land,* «tierra» y *sat.,* abreviatura de *satellite,* «satélite») o los franceses SPOT *(Satellites Probatoires d'Observation de la Terre,* «Satélites probatorios de observación de la Tierra»),* estudian los recursos terrestres: el estado de los bosques, de los cultivos agrícolas, etc. El océano, con sus complicadas dinámicas, tan importantes a la hora de determinar el clima de vastas regiones, es observado por satélites como el *Topex/Poseidon.* Muchos sistemas de satélites sirven en cambio para la navegación, como los del GPS *(Global Positioning System).* Y además hay satélites científicos, como el COBE *(Cosmic Background Explorer,* «Explorador del fondo cósmico»), que estudia el eco fósil del *Big Bang;* el *Exosat* para las fuentes de rayos X cósmicos, y muchos otros para mantener bajo observación el Sol o las estrellas.

Una aurora boreal fotografiada por un satélite. También en este caso los datos suministrados por los satélites pueden dar indicaciones importantes sobre el «viento solar» y sobre el campo magnético terrestre.

Plancton marino en la costa oriental de Sudáfrica. La cantidad de plancton que se produce en los mares en determinados períodos se controla mediante teledetección vía satélite, porque da importantes indicaciones sobre la temperatura y la contaminación de las aguas.

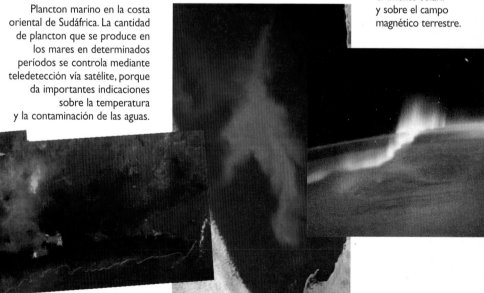

IUE (International Ultraviolet Explorer)

Cientos de satélites comerciales giran alrededor de la Tierra con los propósitos más variados: comerciales, científicos, militares.

Durante la guerra fría los satélites espía observaban incansablemente las instalaciones militares adversarias. Se dice que consiguieron leer desde el espacio los titulares de la primera página de un periódico. Los satélites de comunicaciones son los más abundantes entre los objetos que giran alrededor de la Tierra. Normalmente, se encuentran en órbita geoestacionaria (36 000 km de altitud). Las nuevas generaciones de este tipo de satélites se inyectan también en órbitas más bajas (1 000 kilómetros, aproximadamente).

Los satélites meteorológicos, como el europeo *Meteosat* y el estadounidense TIROS 1 (a la derecha), mantienen un estricto control de todo el planeta siguiendo la evolución de las perturbaciones incluso en aquellas regiones, por ejemplo sobre las extensiones oceánicas, donde sería imposible vigilarlas.

TIROS 1
(*Television InfraRed Observation Satellite*)

Navstar (GPS) (de nav., abreviatura de navegation, y star, «estrella»)

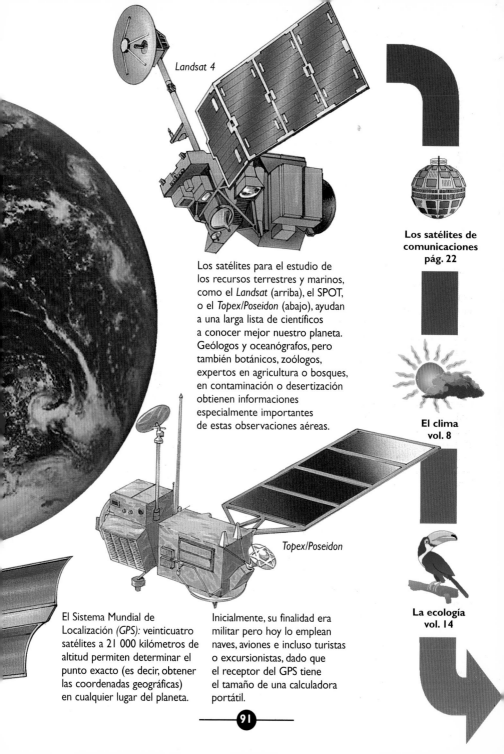

Landsat 4

Los satélites para el estudio de los recursos terrestres y marinos, como el *Landsat* (arriba), el SPOT, o el *Topex/Poseidon* (abajo), ayudan a una larga lista de científicos a conocer mejor nuestro planeta. Geólogos y oceanógrafos, pero también botánicos, zoólogos, expertos en agricultura o bosques, en contaminación o desertización obtienen informaciones especialmente importantes de estas observaciones aéreas.

Los satélites de comunicaciones
pág. 22

El clima
vol. 8

Topex/Poseidon

La ecología
vol. 14

El Sistema Mundial de Localización *(GPS)*: veinticuatro satélites a 21 000 kilómetros de altitud permiten determinar el punto exacto (es decir, obtener las coordenadas geográficas) en cualquier lugar del planeta.

Inicialmente, su finalidad era militar pero hoy lo emplean naves, aviones e incluso turistas o excursionistas, dado que el receptor del GPS tiene el tamaño de una calculadora portátil.

ÍNDICE ANALÍTICO

CRÉDITOS

Abreviaturas: a, alto; b, bajo; c, centro; d, derecha; i, izquierda.

Las ilustraciones contenidas en este volumen son inéditas y originales, y están realizadas bajo la supervisión y cuidado de DoGi spa, que tiene el Copyright.

Ilustraciones:
Todas las ilustraciones de las páginas han sido realizadas por Inklink, Florencia; excepto las siguientes:

Daniela Sarcina: 29b, 60-6, 64ai.

Todos los montajes por ordenador son de Luca Cascioli, excepto los siguientes:

Bernardo Mannucci: 51a, 57b, 73b, 77, 79, 85; Laura Ottina: 58b, 63b.

Todas las imágenes que sirven de remisión en la cubierta, dentro de las flechas y junto a los títulos de los capítulos han sido realizadas por Bernardo Mannucci, excepto la siguiente:

Inklink: 13c.

Fotografías:
Todas las fotos son propiedad de la NASA, excepto las siguientes:

Archivo DoGi, Florencia: 8bd, 8ad; Novosti, Londres: 8bi, 49.

Cubierta:
NASA.

DoGi spa ha realizado todos los esfuerzos para perseguir eventuales derechos a terceros. Por posibles errores u omisiones, se disculpa anticipadamente y será un placer para la misma introducir las oportunas correcciones en las sucesivas ediciones de esta obra.